INTERNATIONALER
ZIGARRENFÜHRER

INTERNATIONALER

ZIGARREN FÜHRER

*Die Kunst
genußvollen
Rauchens*

Jane Resnick
Überarbeitet von Michael Lewis
Fotos von George W. Wieser

*h.f.*ullmann

Copyright © 1996, 2005 Black Dog & Leventhal Publishers, Inc.
Published by Black Dog & Leventhal Publishers, Inc.
151 West 19th Street • New York, NY 10011

Alle Rechte vorbehalten.
Originaltitel: International Connoisseur's Guide to Cigars
© 2006/2007 für die deutschsprachige Ausgabe:
Tandem Verlag GmbH
h.f.ullmann ist ein Imprint der Tandem Verlag GmbH
Übersetzung aus dem Amerikanischen: Beate Gorman,
Fabian Sulzer (für die aktualisierte Ausgabe)
Satz und Redaktion: Regine Ermert
Printed in China
ISBN 978-3-8331-4352-6
10 9 8 7 6 5 4 3 2 1
X IX VIII VII VI V IV III II

DANKSAGUNG

Jane Resnick bedankt sich bei folgenden Personen:

Laurence Sherman für die Erlaubnis, seinen außergewöhnlichen Laden zu fotografieren. Nat Sherman, 500 Fifth Avenue, New York, NY 10110.

Margery Dine, die sich so freundlich bei Nat Sherman um uns kümmerte und uns mit Zigarren versorgte.

Liz Facchiano von J•R Tobacco of Americas, die uns Zigarren für die Fotoaufnahmen zur Verfügung stellte. 1-800-J•R-CIGAR.

Mike Butera von der Butera Pipe Company.

De La Concha Tobacconist, New York, und die Mitarbeiter dort: Gomez, Jeff, Robert, Frank, Rob und Abel für all ihre Unterstützung.

Home of Tobacco Products, Ligny Valdez, Carlos Londono und Raphael Lopez, für die Erlaubnis, sie beim Zigarrenrollen zu fotografieren. 133 Eighth Avenue, New York, NY 10011.

Granville Restaurant and Lounge, 40 East 20th St., New York, NY 10003.

Helen Kensinger und Niki Singer von *Cigar Aficionado*.

Fred Horn für seine Kenntnisse und seine Hilfe.

Nancy Faulkner für ihre Hilfe bei den Photoaufnahmen.

Michael Lewis dankt folgenden Personen und Institutionen:

Zuerst und vor allem Mike Griffin, ohne dessen Hilfe ich noch immer am Computer sitzen und formulieren würde.

Vielen Dank an meine Familie – Amy, Samantha und Sydney – für ihre stete Geduld und Unterstützung – sogar in der Zeit, als ich für das Buch nur noch vor dem Computer saß.

Marilyn Allen – Literaturagentin, vertraute Ratgeberin, Freundin

Rolf Bjorck von Bjorck Bros. of Spain (cigarexport.com)

Jeff Aiken von cigar.guide@about.com; Elie von la-cava.com; Paul von cigar-merchants.co.uk; John von BigStogies.com

Chuck Berg, Betty Hamilton, John Holliday, Barbara Murphy, Lee & Janet Pfeiffer und Steve Spignesi

Großen Dank an John Birkner und Kurt Brungardt – gute Freunde, die mit mir immer eine gute Zigarre genossen haben.

Schließlich auch großen Dank an meinen Vater, dessen Haus ich während meiner Jugendjahre oft genug vollgequalmt habe.

•

Buchdesign: Jonette Jakobson

INHALT

EINFÜHRUNG 7

WIE TABAK ZUR ZIGARRE WIRD:
Vom Samen zum Rauch 9

DIE HERSTELLUNG: Von Hand oder maschinell 13

HUMIDORE: Die wohlbehütete Zigarre 21

EINE ZIGARRE AUSSUCHEN: Die Kunst der Wahl 25

DAS ÖFFNEN DER ZIGARRE: Der erste Akt 33

DAS ANZÜNDEN: Langsames Abbrennen 37

DER GESCHICKTE RAUCHER:
Die Maximierung des Vergnügens 40

ZEIT UND ORT ZUM RAUCHEN:
Eine Stunde ganz für sich 43

ZIGARRENKISTEN: Das Kleingedruckte 47

DIE BEURTEILUNG DER ZIGARRE:
Beständigkeit zählt 50

STARS UND ZIGARREN: Eine Bruderschaft 52

ZIGARREN IN DER GESCHICHTE:
Ein weiter Rückblick 57

VON HAND GEFERTIGTE ZIGARREN:
Eine Auflistung und Bewertung 63

LIMITIERTE SONDEREDITIONEN:
Eine Musterkollektion 145

MASSENPRODUKTE: Eine Auflistung 155

DER KAUF: Zigarrenhändler weltweit 171

RAUCHEN IN DER ÖFFENTLICHKEIT:
Zigarrenfreundliche Orte 179

APROPOS ZIGARREN: Ein Glossar für den Raucher 186

EINFÜHRUNG

Die Zigarre ... verlangt uns Respekt ab.
Sie ist für alle Sinne gemacht, für den totalen Genuß,
die Nase, den Gaumen, die Finger, die Augen ...
Eine gute Zigarre verspricht eine durch
und durch genußvolle Erfahrung.

Zino Davidoff
Autor, **Cigarren Brevier**

Die Maya rauchten einst Zigarren zu religiösen Zwecken. Die Raucher von heute hingegen verehren die Zigarre selbst. Zigarren gewinnen heute wieder den Respekt und die Wertschätzung, die ihnen gebühren. In Amerika ähnelt die Einstellung zur Zigarre erneut der Überzeugung Ende des 19. Jahrhunderts, als Zigarren als stilvolles Accessoire des Wohlstands galten. 1994 stieg der Verkauf von Zigarren in den USA zum ersten Mal seit 1970 an. 1995 stieg der Verkauf von teuren Zigarren um über 30 Prozent an, und die aktuelle Nachfrage nach importierten Zigarren wird auf über 150 Millionen Stück geschätzt. Die weltweite Zahl der Zigarrenraucher läßt sich nicht schätzen. Seit der Zeit, als ein Matrose auf Kolumbus' Reise in die Neue Welt einen Tabak rauchenden Eingeborenen entdeckte, haben sich die Männer aller Gesellschaftsschichten in die Zigarre verliebt, die heute auch hoch in der weiblichen Gunst steht.

Dies sollte nicht weiter verwundern. Der Genuß einer guten Zigarre ist eine ganz persönliche Sache, die gleichzeitig mit Bekannten und Freunden geteilt werden kann. Die Nuancen von Zigarren sind unendlich und die Möglichkeiten für neue Erfahrungen endlos. Gleichzeitig ist das Vergnügen, das einem eine Zigarre bereitet, die befriedigendste Garantie für Wohlgefühl und Entspannung.

Dieses Buch kann als Nachschlagewerk genutzt werden (es enthält eine repräsentative Liste der wichtigsten Zigarrenmarken) und soll Raucher, die gelegentlich eine Zigarre genießen, sowie Einsteiger und Kenner gleichermaßen informieren, denn man kann bei diesem Thema immer wieder dazulernen. Das ist auch das Schöne am Zigarrenrauchen: Zigarren verlocken zu neuen Empfindungen und bieten wunderbare Augenblicke der Zufriedenheit, die zwar wie der Rauch vergänglich, aber unvergeßlich sind.

WIE TABAK ZUR ZIGARRE WIRD:
Vom Samen zum Rauch

*Die Erde hat noch nie ein
so joviales Kraut hervorgebracht.*

Barten Holyday, 1618

Die schönsten Augenblicke des Lebens sind flüchtig, auch wenn sie möglicherweise Jahre der Vorbereitung bedürfen. Dies trifft auch auf die Zigarre zu. Das wunderbare Vergnügen einer Stunde, die man mit einer wirklich befriedigenden Zigarre verbringt, ist das Ergebnis von Monaten, ja sogar Jahren aufmerksamer, spezialisierter, intensiver Arbeit.

Am Anfang der Zigarre, die ein reines Naturprodukt ist, steht die Tabakpflanze, aber nicht irgendein Setzling, der wild an einem Berg in den Tropen wächst. Nur wenige Orte der Welt sind mit dem Boden, der Temperatur und der Luftfeuchtigkeit gesegnet, die einen Sämling zu einer Pflanze gedeihen lassen können, dessen Blätter sich bei der Zigarrenherstellung noch weiter entwickeln. Perfektes Wetter allein genügt nicht, denn die Alchimie liegt im Boden, und zwei verschiedene Orte können einander nie hundertprozentig entsprechen. So werden selbst in Kuba die Tabaksorten für Deckblatt, Umblatt oder Einlage (auch Wickel oder Puppe genannt) für einheimische *puros* nur an wenigen Orten angepflanzt, von denen der berühmteste das Vuelta-Abajo-Tal im Westen des Landes ist. Das feinste Deckblatt der Welt – Connecticut Shade – wächst nur auf 400 000 sehr spezifischen Quadratmetern in diesem Staat. In Ecuador angepflanzter Connecticut Shade zum Beispiel mag von hervorragender Qualität sein, ist aber doch anders. Zigarren, die in der Dominikanischen Republik, Honduras, Nicaragua, Kuba oder Mexiko hergestellt werden, können alle von ausgezeichneter Qualität, aber nie gleich sein. Alle haben ganz eigene Charakteristika, die auf den jeweiligen Boden zurückzuführen sind, der die unersetzliche Zutat aus der Tiefe der Erde liefert.

Das Leben von Premium-Zigarren beginnt mit den winzigen Samen, die 45 Tage lang in einem Gewächshaus unter sorgfältiger Beobachtung herangezüchtet werden, bevor man sie wie Soldaten in geraden Reihen in den Boden setzt. Tabak, der als Deckblatt dienen soll, wird mit einer hohen, zeltartigen Konstruktion aus Maschenware oder Mull abgedeckt. Nach weiteren 45 Tagen sind die Pflanzen für die erste Ernte bereit, bei der einige Blätter für die Zigarrenherstellung gebrochen werden. Das Geheimnis des Zigarrenaromas entfaltet sich bereits zu diesem Zeitpunkt, denn die Position der Blätter am Stengel verleiht ihnen einen unterschiedlichen Geschmack. *Valdo*, das Blatt am Fuß der Pflanze, hat das mildeste Aroma, *seco*, im mittleren Bereich, ist von mittlerem Aroma, und bei *ligero* an der Pflanzenspitze sind Aroma und Struktur am stärksten ausgeprägt. Selbst bei fünf oder sechs Ernten liefert eine Tabakpflanze nur 16 bis 18 Blätter, die dem hohen Standard der besten Premium-Zigarren gerecht werden.

Diese ausgewählten Blätter werden nach Struktur und Größe gebündelt und, abhängig vom Wetter und dem gewünschten Ergebnis, drei bis acht Wochen in Trockenschuppen gehängt. Sind die Blätter zu Anfang noch grün, verlieren sie bald ihre Farbe und nehmen verschiedene Braunschattierungen an. Nach ihrem Aufenthalt in den Schuppen werden sie erneut bewertet, getrennt und nach Größe, Struktur und Farbe gruppiert, ein Vorgang, der sich während des Vorbereitungsprozesses ständig wiederholt. Jetzt werden sie zu Bündeln von 20 Blättern (»Hände« genannt) gestapelt und sind nun bereit, den überaus wichtigen Fermentationsprozeß zu beginnen, jene Zeit, in der die Blätter vom einfachen Kraut zu einer Schatztruhe der Möglichkeiten für den Raucher werden.

Die Bündel werden zu freistehenden Haufen aufgestapelt, die eine Höhe von 90 cm bis 1,80 m haben und bis zu fünf Tonnen wiegen können. Das dichte Zusammenpacken dieser sogenannten *burros* schließt alle Luft wirkungsvoll aus und bereitet die Bühne für die Fermentation oder das »Schwitzen« vor, wie dieser Prozeß auch etwas unfein genannt wird. Langsam steigt die Temperatur der inneren Blätter. Feuchtigkeit, Saft, Nikotin und Ammoniak werden aus den Blättern freigesetzt, die alle denselben Grad und dieselbe Temperatur haben müssen, damit der Prozeß konstant bleibt. Hitze und Aroma erfüllen den Raum, während die Blätter Farbtiefe, Geschmack und Charakter annehmen. Die Überwachung der Temperatur ist überaus wichtig. Lange Thermometer werden in die Haufen gestoßen, während die Temperaturen steigen. Etwa 70 Grad Celsius liegen im obersten Bereich, aber normalerweise sind es etwa 48 Grad – abgesehen von dem Maduro, der für seine tiefere Farbe höhere Temperaturen braucht.

Zigarren in der Wickelpresse

Wenn die Temperatur den gewünschten Punkt erreicht hat, wird jeder Haufen gewendet, das heißt, die oberen Bündel werden entfernt, geschüttelt und auf den Boden gelegt, um die unterste Schicht eines neuen Haufens zu werden. Dieser Wiederaufbau von Grund auf kann bis zu zehnmal über einen Zeitraum von ein bis drei Monaten erfolgen und wird durch Überprüfung von Alter, Struktur und Farbe genau überwacht. Blätter für Maduro-Zigarren brauchen bis zu sechs Monate, um ihre satten, intensiven schwarzen und braunen Farbtöne zu erhalten. Der Prozeß ist abgeschlossen, wenn die Temperatur, die nach jedem Wenden geringer wird, sich nicht mehr verändert.

Unterfermentierung führt zu Zigarren, die immer wieder ausgehen und, schlimmer noch, bitter schmecken und ein brennendes Gefühl in der Brust verursachen. Kommt es dagegen zu einer *Überfermentierung*, sind die Blätter »verbraucht« und ohne Geschmack. So ist die richtige Fermentierung also von größter Bedeutung für die Zigarre. Nach Abschluß der Fermentierung wird der Tabak erneut sorgfältig sortiert, nach Ursprungsort und Datum etikettiert und zum Reifen ins Lager gebracht. Diese Ruheperiode kann ein bis drei Jahre oder auch länger dauern.

Wenn der Tabak aus dem Lager geholt wird, ist er so brüchig wie vergilbtes Papier, das zu lange auf dem Dachboden gelegen hat. Damit er wieder geschmeidig wird, sprüht man ihn vorsichtig mit Wasser ein. Dabei muß genau die richtige Menge Feuchtigkeit aufgetragen werden, um die durstigen Blätter wieder zum Leben zu erwecken. Nun können sie entrippt werden. Manchmal werden dabei auch Blätter für das Deckblatt in eine linke und rechte Seite getrennt, um sicherzugehen, daß eine handgerollte Zigarre das richtige Muster aufweist. Schließlich werden die Blätter erneut überprüft und für Einlage, Umblatt und Deckblatt getrennt. Es scheint fast überflüssig, dies zu erwähnen, aber man sollte auf die große Menge an Handarbeit aufmerksam machen, die anfällt, bevor die Blätter zu Zigarren verarbeitet werden!

Dies passiert erst, wenn der Mischer seine Kunst beginnt. Sein Fachwissen setzt sich aus der genauen Kenntnis aller Tabaksorten zusammen. Er weiß, wie sie schmecken werden, wie schnell sie abbrennen und wie sie sich mit anderen Sorten kombinieren lassen. Die Eigenschaften der Tabaksorten zu kennen, ist eine Sache der Erfahrung, aber zu wissen, wie sich Aroma und Charakter miteinander verbinden, ist eine Kunst. Die Möglichkeiten sind so endlos wie die eines Künstlers, der vor der leeren Leinwand steht. Der Mischer taucht also in seine Erfahrung ein wie ein Maler, der sich in seine Phantasie vertieft, und wählt den Tabak genau in den Anteilen aus, die seiner Marke ihren charakteristischen Geschmack verleihen. Seine Wahl bleibt geheim, denn ein großer Teil dessen, was die Zigarre einer Firma von der einer anderen unterscheidet, liegt in seiner Hand. Nach Abschluß seiner Arbeit ist der Tabak nach dem Pflanzen, Wachsen, Ernten, Selektieren, Fermentieren und Reifen endlich bereit, zu einer echten Zigarre zu werden.

DIE HERSTELLUNG:
Von Hand oder maschinell

*Erhabener Tabak! Er heitert von Osten nach Westen
die Arbeit des Matrosen oder die Ruhe des Türken auf.*

Lord Byron

Mythen haben ihren Reiz, was auch auf die Legende zutrifft, daß die besten kubanischen Zigarren zwischen den Oberschenkeln von Jungfrauen gerollt werden. Wäre es doch so einfach! Man braucht unzählige, nicht ermüdende Hände, keine Schenkel, um eine feine Zigarre zu fertigen.

Um das wunderbare Kunsthandwerk der Zigarrenherstellung zu verstehen, muß man zuerst das dazugehörige

Der Deckblattwickler auf diesen Fotos ist Raphael Lopez, tätig für The Home of Tobacco Products in New York, die eine eigene Marke namens Almirante herstellt, bei der alle Zigarren von Hand gefertigt werden. Auf den Fotos oben legt er die Zigarren in die Wickelpresse.

Vokabular lernen. Von den beiden Enden der Zigarre bezeichnet man jenes, das angeschnitten wird, als »Kopf«, und das andere Ende, das angezündet wird, als »Fuß«. Über den Kopf wird ein kleines Stück Tabak gefaltet, die sogenannte »Kappe«, die zur »Schulter« der Zigarre abfällt. Eine Zigarre besteht aus drei Grundbestandteilen: Einlage,

Umblatt und Deckblatt. Ihre Zusammensetzung und die Art und Weise ihrer Verarbeitung sind für die Unterschiede zwischen den verschiedenen Marken verantwortlich.

Die **Einlage** ist das Kernstück der Zigarre, das erst vom Umblatt und dann vom Deckblatt umwickelt wird. Sie besteht aus langen Tabakblättern, so lang wie die Zigarre selbst, oder aus kurzen Blättern, die kleingeschnitten und hauptsächlich für maschinell gefertigte Zigarren verwendet werden. Für Premium-Zigarren nimmt man nur Langblatt-Einlagen, so daß die Zigarre über ihre gesamte Länge hinweg gleich schmeckt und die Asche lang stehen bleibt. Für eine qualitativ hochwertige Einlage werden gewöhnlich zwei oder drei verschiedene Tabake verwendet, mit denen man eine Aromapalette für die Zigarre schafft.

Das **Umblatt** ist wie ein Mantel, der die Einlage umgibt. Bei Qualitätszigarren handelt es sich um ein spezielles Blatt, das fest genug ist, um die Einlage zusammenzuhalten. Bei Zigarren für den Massenmarkt wird häufig ein »homogenisiertes« Umblatt verwendet, das aus zerhackten Tabakteilen besteht. Das Umblatt beeinflußt den Geschmack der Zigarre, die Geschwindigkeit, mit der sie abbrennt, und ihr Aroma. Einlage, Umblatt und Deckblatt müssen im Geschmack harmonieren.

Das **Deckblatt** ist wie der Einband, nach dem ein Buch beurteilt wird. Es muß von der Ästhetik her ansprechend sein, schöne Adern und eine gleichmäßige Struktur aufweisen und angenehm anzufühlen sein, wenn die Verkaufschancen der Zigarre nicht ernsthaft herabgesetzt werden sollen. Doch das ist längst nicht alles. Das Deckblatt kann bis zu 60 Prozent des Aromas ausmachen. Aus diesem Grund muß das Blatt gut ausgewählt werden, um die Beiträge von Einlage und Umblatt zu ergänzen und zu verbessern. Die Kunstfertigkeit, die bei der Umhüllung der Zigarre mit dem Deckblatt nötig ist, ist eine Eigenschaft des Deckblattwicklers, des geschicktesten Arbeiters in der Hierarchie der Zigarrenfabrik.

Weiterhin unterscheidet man bei Zigarren zwischen drei Herstellungsmethoden: Bei »handgemachten« Zigarren, die diesen Namen auch verdienen, wird jeder einzelne Arbeitsschritt von Hand ausgeführt. Bei »von Hand fertiggestellten« Zigarren wird die Einlage maschinell geformt und nur das Deckblatt von Hand hinzugefügt. Bei reiner Maschinenfertigung werden Einlage, Umlage und Deckblatt von der Maschine zusammengefügt.

Die Produktion von handgemachten Zigarren ist wunderbar altmodisch im besten Sinne des Wortes. Und die

Zigarrenfabriken sind stolz auf das handwerkliche Können und die jahrhundertealten Traditionen. Eine handgemachte Zigarre beginnt in den Händen des »Puppenmachers«, der die Einlage formt. Natürlich wird dieser Prozeß nicht einfach durch das Rollen der Blätter oder durch ihr Falten wie bei einem Buch erledigt. Vielmehr wird der Tabak wie ein Fächer zusammengefaltet, um Kanäle für einen guten Zug zu schaffen und um sicherzugehen, daß sich beim Rauchen mit jedem Zug alle Tabakaromen von Anfang bis Ende verbinden. Die Einlage wird dann in ein Umblatt gerollt und so zu Wickel oder »Puppe«, einer »nackten« Zigarre, der noch das Deckblatt fehlt. Es werden etwa zehn Puppen in Holzformen gegeben, die ungefähr die Größe des Endproduktes haben. Die Holzformen kommen in eine Wickelpresse, die gerade genug Druck ausübt, um die Puppen in Form zu pressen. Während der Preßdauer, die bis zu 45 Minuten beträgt, werden die Puppen regelmäßig gedreht, damit sich keine Falten bilden.

Jetzt ist die geschickte Hand des »Deckblattwicklers« gefragt. Der fachkundige Wickler schneidet das Blatt auf die richtige Größe zu und umgibt die Zigarre damit, so daß sich die Blattspitze am Fuß befindet und das untere Ende des Blattes am Kopf. Auf diese Weise wird bei den ersten Zügen des Rauchers das mildere Aroma des Tabaks freigesetzt. Dann schneidet er ein kleines Stück für die Kappe ab und befestigt sie mit einem klebrigen Tupfer natürlichen Baumgummis am Kopf. Jeder, der ein Meisterwickler oder *torcedor* werden möchte, muß eine zweijährige Lehrzeit beginnen. Die wenigen, die ihre Ausbildung abschließen und in dieses noble Korps vordringen, müssen mindestens sechs weitere Jahre arbeiten, bevor sie Erfahrung in allen Formen gewonnen haben. Die Maßstäbe sind so streng, daß 20 Jahre als nicht zu lange Zeit gelten, um zu einem Meisterwickler zu werden.

Die fertigen Zigarren, deren Tabak angefeuchtet worden war, damit er gehandhabt werden konnte, trocknen nun in Zedernräumen, deren Temperatur genau kontrolliert wird. Dabei findet auch ein Reifungsprozeß statt, bei dem sich die Aromen aller Tabaksorten vermischen oder »vermählen«, so daß die individuellen Geschmacksrichtungen zu Nuancen werden und sich der einzigartige Charakter der Zigarre herausbildet. Dieser Vorgang dauert mindestens drei Wochen, wird aber bei besonderen Zigarrenserien auf mehrere Monate oder sogar auf über ein Jahr verlängert. Jetzt, da die Zigarren endlich fertig sind, werden sie noch einmal genau überprüft und dann nach Farben unterteilt,

bevor sie in Kisten verpackt werden. Jede Kiste darf nur Zigarren von genau derselben Farbe enthalten, ein Faktor, der nichts mit Geschmack, Qualität oder Beschaffenheit zu tun hat. Es ist eine Frage des Stolzes. Eine perfekte Kiste repräsentiert die außergewöhnliche Sorgfalt, die in dem gesamten Herstellungsprozeß steckt.

Doch handgemachte Zigarren sind nicht die einzigen guten Zigarren. Auch »von Hand gefertigte« Zigarren sind ebenfalls qualitätsvolle Erzeugnisse. Die Einlage wird zwar von einer Maschine hergestellt, aber ein Wickler fügt das Deckblatt hinzu. Auch diese Zigarren werden inspiziert, sortiert und dann einem Reifungsprozeß unterzogen. Vom Gesetz her dürfen diese Zigarren immer noch als handgemacht bezeichnet werden. Die maschinelle Herstellung der Einlage kann sogar von Vorteil sein. Unregelmäßige Ergebnisse und menschliche Fehler, Dinge, die sich bei der Handarbeit immer einschleichen können, lassen sich mit Maschinen vermeiden. Zudem sind solche Zigarren viel preiswerter als handgemachte, was durchaus kein unwichtiger Faktor ist.

Rein maschinell gefertigte Zigarren gehören normalerweise zu der preiswerten Kategorie für den Massenmarkt. Sie werden oft mit homogenisiertem Tabak (HTL) hergestellt, einer Mischung aus pulverisiertem Tabak, Zellulose, Wasser und Pflanzenfasern. Homogenisierte Tabakblätter, die häufig als Bögen produziert werden, können für Umblatt und Deckblatt verwendet werden. Maschinell hergestellte Zigarren sind die gleichmäßigsten überhaupt. Sie sind wirklich mild, so daß sie gut für jene Menschen geeignet sind, die mehrere Zigarren pro Tag rauchen.

Es gibt maschinell gefertigte Zigarren, die nicht für den Massenmarkt bestimmt sind, und zu ihnen zählen einige der populärsten weltweit. Dabei handelt es sich um die europäischen Zigarren des sogenannten »holländischen Typs«, die von Firmen wie Christian of Denmark, Dannemann, Schimmelpenninck oder Villiger, um nur einige zu nennen, produziert werden. Manche dieser »trockenen« Zigarren bestehen ganz aus Tabak, während für andere Umblatt und Deckblatt aus homogenisiertem Tabak verwendet werden. Im allgemeinen wird für die maschinell gefertigte Einlage kurzblättriger Tabak genommen, denn diese Zigarren haben ein kleines Format. Das heißt nicht, daß sie nicht ausgezeichnet sein können. Sie sind sehr wohl im Repertoire anspruchsvoller Raucher enthalten, und manche Kenner bevorzugen sogar ausschließlich diese Zigarren.

HUMIDORE:
Die wohlbehütete Zigarre

Rauchen ist menschlich;
das Zigarrenrauchen ist göttlich.

Unbekannt

Manche Kostbarkeiten wie Gemälde und Juwelen werden ausgestellt, aber Zigarren, die vielleicht das Wertvollste überhaupt sind, müssen an einem dunklen Ort mit gleichbleibenden klimatischen Bedingungen aufbewahrt werden. Dazu ist ein Humidor oder auch eine andere Vorrichtung geeignet, ganz wie es Ihre finanziellen Mittel zulassen. Zigarren sollten bei einer Temperatur von etwa 20 Grad Celsius und einer Feuchtigkeit von 70 bis 72 Prozent aufbewahrt werden. Dieses künstliche tropische Klima verhindert, daß Zigarren trocken und brüchig werden, verlängert ihre Lebensdauer und stellt sogar ein Umfeld für das »Reifen« zur Verfügung, wenn dies wünschenswert ist. Aus diesem Grund also gibt es den Humidor.

Seine Rolle besteht darin, die Luftfeuchtigkeit konstant zu halten und luftdicht zu schließen. Man kann Zigarren sogar in einem Kunststoffbehälter aufbewahren, sofern man ein feuchtes Küchentuch oder einen Schwamm (in einem eigenen Kunststoffbeutel) dazu legt. Man kann Vorrichtungen kaufen, die als Feuchtigkeitsregulatoren für große und kleine Humidore dienen. Alle Humidore, selbst die teuersten, haben Befeuchtungselemente, die in regelmäßigen Abständen mit Wasser aufgefüllt werden müssen. Destilliertes Wasser ist dabei vorzuziehen, da einige dieser Mechanismen von den Chemikalien im Leitungswasser beschädigt werden können, das darüber hinaus auch zur Schimmelbildung bei der Zigarre beiträgt. Schimmel kann sich auch bilden, wenn Wasser in direkten Kontakt mit den Zigarren kommt. Sorgen Sie dafür, daß dies niemals passiert. Das Befeuchtungselement darf also nie zu naß oder zu trocken sein. Doch selbst jene Zigarren, die ausgetrocknet sind, sind noch nicht verloren. Sie können wieder befeuchtet werden, doch darf dieser Prozeß nicht übereilt werden. Sie müssen eine Weile im Befeuchter, so weit wie möglich von der Feuchtigkeitsquelle entfernt, liegen. Jede abrupte Änderung ist der Natur der Zigarre ein Greuel.

Es wird oft empfohlen, Zigarren in einer Zedernholzkiste aufzubewahren, weil das Holz eine Würze abgibt, die den Geschmack der Zigarre bei der Reifung verbessert. Dafür müssen Sie natürlich die Zellophanhüllen entfernen. Zedernholz begünstigt die »Vermählung«, einen Vorgang, bei dem sich die einzelnen Aromen der verschiedenen Tabaksorten vermischen. Aus diesem Grund verbietet es sich, aromatisierte Zigarren dazuzulegen. Will man den gleichen Effekt bei einem Kunststoffbehälter erzielen, kann man einige Zedernholzstücke hinzufügen.

Der Kauf eines Humidors ist eine kluge Investition, denn der Genuß, den Sie aus einer wohlbehüteten Zigarre ziehen, ist ein gerechter Lohn. Wählen Sie einen Humidor, der groß genug für Ihre Zwecke ist. Ziehen Sie dabei in Betracht, daß ein Humidor, der angeblich 50 Zigarren aufnehmen kann, eventuell von einer kleineren Zigarrengröße ausgeht als die, an die Sie möglicherweise denken. Überprüfen Sie also die *Innenausmessungen*. Manche Humidore sind mit Zedernholz ausgekleidet, was eine Frage des Geschmacks ist. Bisweilen hört man, daß Zedernholz, das Feuchtigkeit absorbiert, mit den Zigarren um Feuchtigkeit konkurriert, so daß der positive Aspekt des Holzes negiert wird. Humidore gibt es in unzähligen, verschiedenen Ausstattungen, so daß die persönliche Vorliebe so gut wie jede andere Richtlinie beim Kauf ist.

Der Preis eines Humidors kann daher stark schwanken: Im April 1996 versteigerte Sotheby Kostbarkeiten von Jacqueline Kennedy Onassis im Wert von mehreren Millionen Dollar. Zu den hochgeschätzten Stücken zählte ein Humidor, der im Besitz von Präsident John F. Kennedy gewesen war. Der Humidor ging an Marvin R. Shanken, der mit $ 574 500 das höchste Gebot abgab.

Ein Humidor sollte in jedem Fall über ein Scharnier mit Klavierband sowie einen fest schließenden Deckel verfügen. Achten Sie darauf, daß der Kasten nicht umkippt, wenn man den Deckel öffnet. Humidore können mit verschiedenen Etagen und Tabletts, mit Handgriffen und einer Oberflächenbearbeitung ausgestattet sein, die von Hand gearbeiteten Schränken in nichts nachsteht. Manche verfügen über einen Hygrometer, der die Feuchtigkeit mißt, eine Vorrichtung, die man auch separat kaufen kann. Wenn der Rauchgenuß für Sie mit dem Öffnen des Humidors beginnt, sollten Sie sich einen leisten, der zum Ambiente der Gesamterfahrung beiträgt.

Natürlich wollen Sie nicht den Kühlschrank öffnen, um eine Zigarre zu genießen, eine Örtlichkeit, die manchmal als Lagerungsplatz erwähnt wird. Kühlschränke eignen sich überhaupt nicht zur Zigarrenaufbewahrung, da sie Feuchtigkeit entziehen. Die Tiefkühltruhe oder der Kühlschrank sollten nur eingesetzt werden, um den Tabakkäfer zu bekämpfen, dessen Eier sich bisweilen in einer Zigarre finden. Wenn er in der ausgereiften Atmosphäre eines Humidors ausschlüpft, kann er großen Schaden anrichten. Sollte diese gefürchtete Situation eintreten, überprüfen Sie alle Zigarren auf das Bohrloch des Käfers hin und werfen jene weg, die betroffen sind. Versiegeln Sie die übrigen in einem Plastikbeutel, bevor Sie sie für ein paar Tage in die Tiefkühltruhe legen, um möglicherweise vorhandenen Befall abzutöten. Lassen Sie die Zigarren dann noch mehrere Tage im Kühlschrank ruhen, bevor Sie sie wieder der Raumtemperatur aussetzen. Der langsame Klimawechsel ist besonders wichtig, da sich sonst das Deckblatt spaltet, so daß Ihre Rettungsversuche vergeblich waren. Reinigen Sie den Humidor gründlich, damit er wieder ein sicherer Hafen für Ihre Zigarren ist.

Marvin R. Shanken, Herausgeber und Verleger des Cigar Aficionado Magazine, *mit dem Humidor von J. F. Kennedy.*

Bei Schimmelbefall müssen die betroffenen Zigarren geopfert werden, und wieder muß der Humidor völlig gereinigt und gelüftet werden. Bisweilen befindet sich auch ein gräulicher, weißer Flaum auf dem Deckblatt, den man als Blüte bezeichnet. Es handelt sich dabei um Öle, die beim Reifen aus der Zigarre austreten. Wischen Sie sie einfach mit einem weichen Tuch ab.

Natürlich möchten Sie auch bei Reisen nicht auf Ihre Zigarren verzichten. Zu diesem Zweck brauchen Sie eine Kiste zur Beförderung, da Zigarren zu leicht gekrümmt oder zerquetscht werden. Wichtig ist, daß diese Kiste der Größe der Zigarren entspricht, die Sie normalerweise genießen. Für einzelne Zigarren nehmen Sie eine Teleskophülle. Zigarren mit demselben Ringmaß können in einem Etui aufbewahrt werden. Überlegen Sie, wie viele Zigarren Sie mit sich führen wollen, und wählen Sie einen Behälter, in dem sie nicht gegeneinander stoßen können. Überprüfen Sie ein Lederetui auf rauhe Stellen, die eine Zigarre beschädigen könnten, und bedenken Sie, daß ein größeres Etui nicht in Ihre Tasche paßt. Legen Sie niemals eine teilweise gerauchte Zigarre zu ungerauchten Zigarren, da ihr Aroma alle anderen durchdringen wird. Zudem sollten Sie ungerauchte Zigarren, die Sie mit sich herumtragen, am Ende des Tages wieder in den Humidor legen. Ein Etui hält sie nicht frisch, denn dies gelingt nur einem Humidor für Reisezwecke, den man tatsächlich kaufen kann. Zigarren im bestmöglichen Zustand aufzubewahren, ist wirklich keine schwere Arbeit. Es ist einzig und allein ein Ausdruck von Rücksichtnahme auf einen der besten Gefährten, den man zu Hause oder unterwegs haben kann.

EINE ZIGARRE AUSSUCHEN:
Die Kunst der Wahl

Was den Tabak betrifft, so herrscht viel Aberglaube. Der größte ist der, daß es bestimmte Normen gibt, obwohl dies überhaupt nicht zutrifft. Die Vorliebe jedes einzelnen ist die einzige Norm für ihn, die einzige, die er akzeptieren kann, die einzige, die ihn beim Kauf leitet. Ein Kongreß aller Tabakliebhaber auf der ganzen Welt könnte keine Norm auswählen, die für Sie oder mich bindend wäre oder uns überhaupt beeinflussen würde.

Mark Twain
»*Concerning Tobacco*«, 1893

Es ist ein allgemein anerkannter Grundsatz, daß es keine perfekte Zigarre gibt. Es gibt nur die für Sie richtige Zigarre, die Ihre Geschmacksknospen und Ihren Geruchssinn befriedigt. Die ungeheuer große Zahl an verschiedenen Zigarrenmarken macht die Wahl zur Qual und erinnert fast an das Ziehen des richtigen Lotterieloses. Doch mit ein paar Kenntnissen und Neugier können Sie sich auf eine Suche machen, die an sich schon Belohnung ist.

Die Marke

Die Informationen, die Sie brauchen, beginnen mit den Marken. Bei manchen von ihnen besteht das Problem doppelter Identität, das auf die kubanische Revolution im Jahre 1959 zurückgeht. Als Fidel Castro an die Macht kam und die Tabakindustrie verstaatlichte, flohen viele Hersteller – und glaubten, sie könnten ihre Markennamen mitnehmen. Der Staat Kuba war anderer Meinung und produzierte weiterhin Zigarren unter dem ursprünglichen Namen. Noch heute gibt es Marken, wie Romeo y Julieta, Montecristo, Partagas, Punch und andere, die von zwei verschiedenen Herstellern produziert werden, von denen sich der eine in Kuba befindet und der andere irgendwo in der Karibik. Die kubanische Marke erkennt man an der Bauchbinde, wo »Havana« in kleiner Schrift auftaucht.

Die Farbe

Die Zigarren in den Regalen des Tabakhändlers sprechen den Käufer zuerst mit der Farbe ihres Deckblatts an.

Die Tabakpflanzer kennen über 60 Töne, aber die Raucher begrenzen die verwirrende Vielfalt auf etwa sieben. Im allgemeinen läßt sich sagen, daß der Geschmack um so milder ist, je heller die Farbe. Je dunkler die Farbe, desto süßer und voller ist er. Es folgt eine Liste, an die sich die Natur allerdings nicht ganz genau hält:

Claro Claro • Dieses grüngetönte Deckblatt trägt auch die Namen *double claro, candela, jade* oder AMS, für American Market Selection, da es früher in den USA sehr populär war. Der Geschmack ist sehr mild, ja, fast sanft.

Claro • Ein helles, gelbbraunes Blatt, das wegen seines neutralen Geschmacks bevorzugt wird.

Colorado Claro • Hellbraun mit leichtem Geschmack.

Colorado • Ein rötlichbrauner bis brauner Ton, reich im Geschmack und mit feinem Aroma. Das Blatt wird auch als EMS, für English Market Selection, bezeichnet, weil es früher besonders in Europa geschätzt wurde. Heute ist es in den USA genauso beliebt.

Colorado Maduro • Mittelbraunes Blatt mit reichem Aroma.

Maduro • Die Farbe schwarzen Kaffees entspricht diesem Deckblatt am besten und ist ein guter Hinweis auf die Stärke seines Geschmacks. Es ist auch unter der Bezeichnung SMS, für Spanish Market Selection, bekannt.

Oscuro • Die fast schwarze Farbe dieses Blattes ist dunkler als alle anderen, weil es an der Tabakpflanze am längsten heranreift und einen längeren Reifeprozeß durchläuft.

Der Herkunft des Tabaks

Die Meinung darüber, wie stark der Gesamtcharakter einer Zigarre von ihrem Deckblatt beeinflußt wird, ist geteilt, aber fraglos ist die Wirkung beträchtlich. Dennoch steckt der größte Teil des Geschmacks in der Einlage, deren Tabakmischung man bei der Wahl einer Zigarre in Betracht ziehen sollte. Der Charakter der Einlage hängt vom Herkunftsland des Tabaks ab. Die wichtigsten Länder für die Produktion herausragender Tabake und Zigarren sind Kuba, die Dominikanische Republik, Honduras, Jamaika, Brasilien, Sumatra, die Philippinen, die Kanarischen Inseln, Kamerun, Ecuador, Mexiko, Nicaragua, die

Niederlande und die Vereinigten Staaten, wo Connecticut Shade, das feinste Deckblatt der Welt, angepflanzt wird. Die folgende Liste bietet einen sehr allgemeinen Eindruck dessen, was die einzelnen Orte zum Gesamtgeschmack beitragen können, ohne die Launen bestimmter Wetterbedingungen und Ernten dabei in Betracht zu ziehen.

Dominikanische Republik • Von dort stammen die beliebtesten Zigarren in den USA. Sie sind mild mit einem süßen, nußartigen Geschmack. Erd- und Blütentöne sind häufig.

Honduras • Die Zigarren sind robuster und würziger als jene aus der Dominikanischen Republik. Der Tabak ist fast so kräftig wie der kubanische.

Havanna • Havanna-Zigarren gelten als die besten der Welt. Sie sind von mittlerem bis vollem Geschmack und haben Erd-, Kaffee- und Honigtöne. Havanna-Tabak findet sich auch in den Einlage-Mischungen der »trockenen« Zigarren.

Jamaika • Jamaikanische Zigarren, deren berühmteste die Macanudo ist, sind milder als dominikanische Zigarren.

Nicaragua • Nicaraguanische Zigarren, die immer besser werden, sind mittelsüß, vollmundig und aromatisch.

Ecuador • Zigarren aus Ecuador sind mild und aromatisch.

Kamerun • Von hier stammt ein Deckblatt – keine Zigarre – mit einem würzigen Geschmack und scharfem Aroma.

Sumatra • Von hier stammt ebenfalls ein Tabak, keine Zigarre. Er ist recht mild, aber dennoch würzig.

Mexiko • Produziert weiterhin Premium-Zigarren, aber mit einem nicht vorhersagbaren Spektrum von mild bis schwer.

Brasilien • Tabak und Zigarren aus Brasilien sind dunkel, schwer und weich mit einem leicht süßlichen Geschmack.

Die Form

Zigarren präsentieren sich in einer Vielzahl von Formen, deren Unterschiede sich in wenigen Millimetern ausdrücken. Es gibt so viele verschiedene Größen und Formen, daß die Zigarren, wenn man sie senkrecht hinstellte, einem Miniaturdschungel aus kurzen, hohen, unregelmäßigen und stattlichen Bäumen ähneln würden. Genau wie die Natur sind auch die Produkte der Zigarrenindustrie nicht sehr einheitlich. Früher einmal hatten Zigarren, die einen bestimmten Namen (beispielsweise Churchill) trugen, eine Standardgröße. Dies trifft heute nicht mehr zu. Heute kann eine Churchill zwischen 170 und 203 mm lang sein, und dieselbe lockere Verbindung zwischen Name und Abmessung gilt für alle anderen Größen auch.

Die Länge einer Zigarre wird in den USA in Zoll angegeben. Ihr Durchmesser, das sogenannte Ringmaß, wird in $1/64$ Zoll gemessen. Eine Zigarre, deren Abmessungen mit $6^{1}/_{2}$ x 46 angegeben werden, hat eine Länge von $6^{1}/_{2}$ Zoll und einen Durchmesser von knapp unter einem Dreiviertelzoll ($46/64$). In Europa gibt man meist Millimeter an, so daß aus $6^{1}/_{2}$ x 46 die Abmessung 165 mm x 18,3 mm wird (siehe auch Glossar). Da Namen und Abmessungen nicht immer übereinstimmen, ist es am besten, eine Größe unabhängig davon zu wählen, wie der Hersteller sie bezeichnet.

Abgesehen von Länge und Umfang teilt man Zigarren in zwei Grundtypen ein: die *parejos*, Zigarren mit geraden Seiten, und die *figurados*, Zigarren mit unregelmäßigen Formen. Bei Zigarren mit geraden Seiten unterscheidet man zwischen folgenden Formaten:

Corona • Diese Zigarre mit ihrem adligen Titel (es ist das spanische Wort für »Krone«) ist das traditionelle Maß, an dem alle anderen gemessen werden. Ihre mittlere Größe von 140 bis 152 mm und einem Ringmaß von 42 oder 44 paßt zu den meisten Gelegenheiten und bietet mindestens 45 Minuten Rauchgenuß. Wie die meisten *parejos* hat die Corona einen offenen Fuß und einen geschlossenen Kopf.

Churchill • Bei einer Größe von mindestens 178 mm und einem Ringmaß von 47 ist die Churchill eine Zigarre mit kräftigem, vollem Körper, deren Charakter Winston Churchill, nach dem sie benannt wurde, nachempfunden ist, der in seinem Leben wahrscheinlich mehr von diesen Zigarren rauchte als jeder andere Mensch auf Erden.

Double Corona • Wenn man der Überzeugung ist, daß mehr mit besser gleichzusetzen ist, bietet diese Zigarre mit einer Länge von 165 mm und einem Ringmaß von 48 viel Umfang für gut gemischte Tabake und vollen Geschmack.

Petit Corona • Wie der Name schon sagt, handelt es sich um eine kleinere Zigarre von 127 bis 140 mm Länge und einem

Ringmaß von 38 bis 44, womit sie ideal für das kürzere Rauchvergnügen ist.

Panatela • Diese Zigarren sind im allgemeinen länger und dünner als die Coronas. Aufgrund ihrer schlanken Form ist weniger Raum für den Tabak vorhanden, so daß der Geschmack nicht so komplex ist. Zudem wird eine Zigarre mit kleinem Ringmaß beim Abbrennen heißer.

Lonsdale • Diese Zigarren sind dicker als die Panatelas und länger als die Coronas.

Rothschild • Hierbei handelt es sich um eine kräftige, kurze Zigarre. Trotz ihrer Kürze hat sie ein großes Ringmaß (50) und bietet ein sehr substantielles Rauchvergnügen.

Die unregelmäßig geformten *figurados* sind die herausragenden Persönlichkeiten des Tabakhandels. Jede hat ihre Eigenheiten, die der Raucherfahrung eine bestimmte Qualität verleihen. Der Fuß oder Kopf dieser Zigarren kann offen oder geschlossen, spitz oder abgerundet sein. Sie können komisch aussehen, aber man findet sie in den Humidoren ernsthafter Raucher. Einige ihrer Hauptformen, die variieren können, sind folgende:

Perfecto • Diese Zigarre, die früher populärer war und heute fast zur Karikatur geworden ist, läuft an beiden Enden schmal zu und schwillt in der Mitte an.

Torpedo • Diese Zigarre, die den Namen und die Form einer Waffe trägt, hat einen spitz zulaufenden Kopf, einen geschlossenen Fuß und schwillt in der Mitte an.

Pyramide • Diese Zigarre hat einen spitzen, geschlossenen Kopf und einen offenen, breiteren Fuß, der für einen unvergessenen Zug sorgt.

Diadema • Dieses Zigarre mit einer grandiosen Länge von 203 mm oder mehr und einem Ringmaß von mindestens 60 hat gerade Seiten mit einem abgerundeten Kopf und meistens einen offenen Fuß.

Culebra • Die Culebra (das spanische Wort bedeutet »Schlange«) besteht aus drei langen, dünnen Zigarren, die miteinander verflochten sind. Die spitzen Köpfe sind voneinander getrennt und sollen einzeln geraucht werden.

Belicoso • Mit einer Länge von 140 mm und dem Ringmaß 52 hat diese Zigarre einen beträchtlichen Umfang. Der geformte Kopf läßt sich leicht abschneiden.

Trockene Zigarren

Diese Zigarren, die man auch Zigarren »holländischen Typs« nennt, sind *klein* und *trocken*, zwei Attribute, die keine der oben erwähnten Zigarren bietet und die sogar unerwünscht scheinen mögen. Doch diese kleinen, europäischen Zigarren sind eine weitere interessante Sorte, die dem Raucher einige Vorteile bietet. Sie werden in mehreren Größen verkauft, lassen sich leicht transportieren und, da sie nicht feucht gehalten werden müssen, kann man sie beliebig lange in der Tasche oder Schublade aufbewahren. In einer großen Auswahl an Mischungen erhältlich, die von hell und mild bis dunkel und kräftig reichen, sind sie ideal geeignet für das kurze Zwischenspiel.

Die Besten

Natürlich gibt es bei allen Arten und Formen einige Zigarren, die von der Qualität her besser sind als andere. Im allgemeinen sind die beliebtesten Zigarren bei ernsthaften Rauchern die *Premium*-Zigarren, deren Einlage aus langblättrigem Tabak besteht. Wenn sie auch meistens von Hand hergestellt werden, so gibt es doch Sorten mit maschinell gefertigter Einlage, die dann von Hand mit dem Deckblatt versehen wird. Noch besser sind die *Super-Premium*-Zigarren, die sich durch speziell ausgewählte Tabake in der Einlagemischung und beim Deckblatt sowie durch einen zusätzlichen Reifeprozeß auszeichnen. Die noch feineren *Vintage*-Zigarren werden dagegen ausschließlich aus der herausragenden Tabakernte eines einzigen Jahres hergestellt. Mit eigenen Bauchbinden und Kisten werden diese Spitzenzigarren mit dem Stempel der Exklusivität verkauft.

Der Kauf

Der Zigarrenkauf gleicht einer lebenslangen Schatzsuche und ist ein Abenteuer, unabhängig davon, wie erfahren Sie sind. Bewaffnet mit einigen Kenntnissen über Farbe, Einlage und Format, sind Sie jetzt bereit, eine Zigarre in die Hand zu nehmen und sie sorgfältig zu inspizieren. Erscheinungsbild und Zustand zählen. Als erstes können Sie die Hinweise in Betracht ziehen, die das Deckblatt bietet. Ein Wurmloch läßt einen Kandidaten natürlich sofort ausscheiden. Die Farbe sollte gleichmäßig und ohne Flecken sein, wobei Sonnenflecken zulässig sind. Obwohl eine Zigarre keine starken Adern aufweisen sollte, sind Blattadern Teil des ausgeprägten Charakters von Tabak und geben oft Auskunft über seinen Ursprung. Deckblätter aus Kamerun haben beispielsweise deutlichere Adern als Connecticut Shade. Unebenheiten in der Struktur eines Kamerun-Blatts sind Vorboten einer wohlschmeckenden Zigarre. Dagegen hat das feine Deckblatt aus Connecticut eine glattere Oberflächenstruktur. Jedes Deckblatt mit öligem Glanz zeigt an, daß es richtig getrocknet und feucht gehalten wurde. Bei einer Feuchtigkeit von 70 Prozent gibt Tabak Öl ab und fühlt sich fast seidig an. Eine Zigarre, die trocken oder brüchig ist oder im Deckblatt Risse aufweist, ist unannehmbar.

Wie eine Zigarre sich anfühlt, ist Teil ihres Lebenslaufs. Nehmen Sie sie zärtlich in die Hand (wobei Sie sie am Fuß und nicht am Kopf halten, um die Kappe nicht zu beschädigen) und überprüfen Sie sie auf harte oder weiche Stellen hin, die auf eine schlecht konstruierte Einlage hinweisen können, was den Zug negativ beeinflußt. Das Gewicht einer Zigarre läßt darauf schließen, wie dicht oder locker die Einlage ist und ob sie einen leichten Zug bietet, was eine Sache der persönlichen Vorliebe ist. Da das Proberauchen beim Kauf einer Zigarre nicht möglich ist, sind Sie bei Ihrer Suche jetzt an dem Punkt angelangt, wo Sie die Zigarre kaufen werden. Nur zu!

Eine Möglichkeit, mehrere Zigarren zu einem günstigeren Preis zu kaufen, ist das »Bündel«, bei dem fünf und mehr Zigarren zusammengepackt wurden. Obwohl Sie nicht jede einzeln inspizieren können, sind die Bündel besserer Qualität in der Tat sehr gut. Zigarren werden auch in Kisten von 20 oder 25 Stück verkauft. Überprüfen Sie die Kisten sorgfältig, um sicherzugehen, daß alle Zigarren dieselbe Farbe haben, was ein Zeichen für die Aufmerksamkeit des Herstellers ist.

Manche Zigarren werden nach einer Methode verpackt, die man »8–9–8« nennt. Dabei sind die Zigarren in einer Kiste mit abgerundeten Kanten so angeordnet, daß unten acht liegen, neun in der Mitte und oben wieder acht. *Amatista* bezeichnet ein Glas mit 50 Zigarren und bei *tubos* handelt es sich um einzelne Zigarren in gut versiegelten Aluminium-, Glas- oder Holzröhrchen. Diese gut zu transportierenden, einzelnen Zigarren sind auf ihre Weise perfekt, immer bereit, dem Besitzer sein Rauchvergnügen zu bereiten, wenn der richtige Augenblick für eine Zigarre gekommen ist.

DAS ÖFFNEN DER ZIGARRE:
Der erste Akt

Ich habe es mir zur Regel gemacht, nie mehr als eine Zigarre gleichzeitig zu rauchen.

Mark Twain
an seinem siebzigsten Geburtstag, als ihm empfohlen wurde,
das Zigarrenrauchen einzuschränken

Für jeden Akt befriedigenden Vergnügens gibt es Vorbereitungsrituale. Für das Zigarrenrauchen gibt es besonders viele. An erster Stelle steht die erwartungsvolle Freude. Als nächstes nehmen Sie die Zigarre zur Hand, und setzen Sie alle Sinne ein, wenn Sie sie sanft zwischen den Fingern rollen, um ihre Geschmeidigkeit und Körperlichkeit zu fühlen. Genießen Sie Farbe und Form. Inhalieren Sie ihr verlockendes Bouquet ohne Eile. Die Zeit, die Sie für diese zeremoniellen Augenblicke aufwenden, ist nicht nur ein Vorspiel, sondern der erste Schritt eines insgesamt befriedigenden Erlebnisses.

Es gibt zwei Dinge, die Sie dabei nicht tun sollten. Es gibt keinen Grund, die Bauchbinde zu entfernen, die auch Teil der wunderbaren Kunstfertigkeit ist, die eine Zigarre von plebejischeren Möglichkeiten des Zeitvertreibs unterscheidet. Neben den ästhetischen Überlegungen spielt es auch eine Rolle, daß die Bauchbinde möglicherweise mit ein wenig Kleber am Deckblatt befestigt ist, so daß ihr Ablösen dasselbige beschädigen kann. Wenn Sie die Bauchbinde wirklich entfernen wollen, warten Sie, bis der Körper sich beim Rauchen erwärmt hat und der Kleber dadurch aufweicht. Auf jeden Fall sollten Sie dem Impuls widerstehen, an der Zigarre zu lecken. Diese Praxis stammt aus der Zeit, als es noch keine Humidore gab, und ist heute nicht nur unnötig, sondern auch unappetitlich.

Die Freuden des Zigarrenrauchens zu genießen, erfordert eine Offenheit gegenüber neuen Möglichkeiten und ein paar technische Fähigkeiten. Die erste ist das Anschneiden, da am Kopf aller Premium-Zigarren eine Öffnung geschaffen werden muß. Dieser Schnitt sollte sauber und gleichmäßig sein, denn er ist Voraussetzung dafür, daß die Zigarre richtig zieht. Man hat die Wahl zwischen einem »Guillotine«-Schnitt, bei dem ein Stück des Kopfes gekappt

wird, einer V-förmigen Kerbe, oder dem »Aufstechen«, wobei ein Loch in die Mitte des Kopfes gestochen wird. Für diesen kleinen, intimen Gewaltakt gibt es die jeweils passenden Instrumente. Schnitte können auch mit speziellen Zigarrenscheren oder dem weniger erhabenen, aber immer verfügbaren Taschenmesser durchgeführt werden. Egal, was Sie verwenden, die Klinge sollte immer scharf sein, ansonsten wird das Deckblatt zerrissen. Wenn Sie den Punkt verletzen, an dem die Kappe am Deckblatt befestigt ist, löst sich die Zigarre auf, und eine Zigarre mit struppigem Ende schmeckt nicht. Um ganz sicherzugehen, sollten Sie immer oberhalb dieser Linie schneiden.

Die Guillotine – lassen Sie sich nicht durch den Namen abschrecken – ergibt im Grunde den feinsten und zivilisiertesten Schnitt. Ein Vergleich mit den anderen Instrumenten macht ihre Vorzüge deutlicher: Der Zigarrenabschneider, mit dem eine Kerbe eingeschnitten wird, liefert einen Schnitt mit zwei Oberflächen, der für einen guten Zug sorgen sollte. Doch nur wenige dieser Klingen schneiden so, daß keine ausgefransten Kanten bleiben. Zudem funktionieren sie nicht gut an schmal zulaufenden oder spitzen Köpfen. Des weiteren sind sie nicht geeignet für Zigarren mit größerem Ringmaß und lassen sich fast unmöglich schärfen. Beim Aufstechen wird ein Loch eingestochen, also kein Schnitt durchgeführt, und darin liegt das Problem. In diesem Loch sammeln sich oft ranzige Säuren und Tabaksäfte, die den Geschmack unangenehm beeinträchtigen. Zudem kann der Tabak an den Seiten und unten im Loch zusammengedrückt werden, was den Zug beeinflußt. Aufgrund all dieser Gründe ist das Einstechen nicht mehr in Mode. Dann gibt es noch die Zigarrenscheren, aber für ihre Anwendung braucht man einige Erfahrung. Für das Einschneiden einer Kerbe mit einem Messer ist skalpellartige Präzision erforderlich, falls der Schnitt nicht amputieren, sondern nur öffnen soll. Schließlich ist das geschickte Abzwicken der Kappe mit dem Fingernagel die zugänglichste Methode, aber man braucht geschickte Finger, um die begehrte Quelle zu öffnen, durch die die Seele der Zigarre heraustreten wird.

Die Größe des Schnittes ist so wichtig wie die Abmessungen der gewählten Zigarre. Sie beeinflußt den Geschmack, den Zug und die Rauchdauer und offensichtlich auch die Qualität der Erfahrung. Eine zu große Öffnung führt zu einem schwallartigen Eindringen von Rauch in den Mund, zu starker Hitze und einem bittern Geschmack. Die Zigarre verbrennt zu schnell, was vielleicht auch gut so ist, denn die für diese Zigarre aufgewendete Zeit wird zum größten Teil verschwendet sein. Doch eine zu kleine Öffnung hat andere unappetitliche Eigenschaften. Der Zug wird erschwert, die Menge an tatsächlichem Rauch ist minimal, und der Geschmack wird durch eine Konzentration von Teerstoffen und Nikotin ruiniert. Der ideale Schnitt ist ein wenig kleiner als der Umfang der Zigarre. Eine Guillotine führt diese Aufgabe im allgemeinen mit bewundernswerter Schnelligkeit durch.

Die Guillotine sieht nicht nur wie ihr großer Namensvetter aus, sondern funktioniert auch nach dem gleichen Prinzip und hat wie er das gleiche Ziel: ein schneller und präziser Schnitt. Sie ergibt eine saubere, ebene Öffnung am Ende der Zigarre, die für einen leichten Zug sorgt und den vollen Geschmack freigibt. Preisgünstige Kunststoffguillotinen lassen sich leicht transportieren und mehrere Monate lang verwenden. Es gibt Modelle von besserer Qualität, wie den Zigarrenabschneider von Paul Gamarian, der mit einer Klinge aus Sheffield-Stahl versehen ist. Ein Modell mit zwei Klingen, wie beispielsweise der tragbare Zigarrenabschneider »Zino« von Davidoff bietet den Vorteil eines schnelleren, saubereren Schnitts. Für welches Instrument Sie sich auch entscheiden, Sie sollten immer bedenken, daß eine stumpfe Klinge die Zigarre zerstört.

DAS ANZÜNDEN:
Langsames Abbrennen

Bitten Sie mich nicht, den Charme der Träumerei zu beschreiben oder die besinnliche Ekstase, in die uns der Rauch unserer Zigarre eintreten läßt.

Jules Sandeau
Französischer Romancier

Das Anzünden der Zigarre ist ein feierlicher Akt von höchster Bedeutung. Macht man es richtig, berührt die Flamme niemals die Zigarre. Die Art und Weise, wie Sie eine Zigarre anzünden, beeinflußt ihren Geschmack und wie sie abbrennt. Benutzen Sie Feuerzeuge mit Butangas, da es sich um einen farb- und geruchlosen Brennstoff handelt. Lange Streichhölzer aus Zedernholz für Raucher sind ebenfalls gut geeignet. Nehmen Sie nie ein Benzinfeuerzeug oder ein Pappstreichholz, das mit Chemikalien imprägniert wurde, denn damit verderben Sie das Aroma.

Mit der Zigarre in der einen und dem Feuerzeug oder Streichholz in der anderen Hand beginnen Sie ein Ritual, das allen Rauchern gemein ist. Wenn Sie ein Streichholz anzünden, warten Sie, bis die Flamme den Schwefel verbrannt hat, bevor Sie beginnen. Tauchen Sie nie den Fuß der Zigarre in die Flamme. Dieser verbotene Akt läßt den Tabak zu Kohlenstoff werden, dessen erhitzter und verbrannter Geschmack Sie vom ersten bis zum letzten Zug begleiten würde. Nehmen Sie beim Anzünden die Zigarre auch nie in den Mund. Halten Sie sie etwa einen halben Zentimeter in einem Winkel von 45 Grad über der Flamme in der Hand. Drehen Sie die Zigarre langsam, so daß das Brandende erhitzt und die Einlage langsam trocken wird.

Dieser Vorgang ist eine feine Kunst, für die man Geduld und ein fürsorgliches Auge mitbringen muß, um sicherzugehen, daß der gesamte Rand angezündet ist. Wenn der gesamte Umfang nicht gleichmäßig erwärmt wird, brennt die Zigarre nicht gleichmäßig ab. Wenn eine Seite schneller als die andere abbrennt, kommt es zur »Tunnelbildung«, und die Zigarre läßt sich nicht richtig rauchen. Wenn Sie sehen, daß das Deckblatt gleichmäßig Asche zeigt und kleine Rauchschwaden in die Höhe steigen, führen Sie die Zigarre an die Lippen, ziehen leicht, wobei Sie sie direkt

über (aber nicht in) der Spitze der Flamme drehen, um den gesamten äußeren Kreis anzuzünden. Wenn die Zigarre gut entzündet ist, wird der erste lange Zug den meisten Geschmack aufweisen und am befriedigendsten sein. Genießen Sie ihn.

Selbst eine gut angezündete Zigarre kann ausgehen, während man sie raucht. In diesem Fall tippen Sie sanft etwas Asche ab, und prüfen Sie, indem Sie vorsichtig durch die Zigarre ausatmen, ob das Feuer tatsächlich ausgegangen ist. Zeigt sich kein Rauch, erwärmen Sie zuerst das Brandende, indem Sie es über einer Flamme drehen, um die Teerstoffe freizusetzen, und zünden es dann erneut an. Eine neu entzündete Zigarre kann stärker schmecken, aber dies ist besser, als gar keine Zigarre zu genießen.

Das Anzünden einer Zigarre vom Entzünden der Flamme bis zum ersten Zug ist einer der intimsten Akte des Rauchens. Es ist ein Augenblick, in dem Sie Respekt und Wertschätzung zeigen – und die Zigarre reagiert auf diese Aufmerksamkeit.

DER GESCHICKTE RAUCHER:
Die Maximierung des Vergnügens

Zu wissen, wie man raucht, ist die Wiederentdeckung bestimmter vergessener Rhythmen, um die Kommunikation mit dem Ich wieder herzustellen.

Zino Davidoff

Das Genießen einer Zigarre wird oft mit dem Genuß eines guten Weins verglichen. Tatsächlich sprechen Kenner vom »Schlürfen« des Raucharomas. Die Analogie paßt, denn die Geschmacksknospen sind die feinsten Kanäle für dieses Vergnügen. Der Genuß der Komplexität und der unerwarteten Kombinationen der Aromen im Zigarrenrauch läßt sich vergleichen mit dem Genuß eines exzellenten Weins. Natürlich bedarf es für diese Wertschätzung der richtigen Rauchtechnik und einiger Übung.

Regel eins lautet, daß Zigarrenraucher niemals inhalieren. Behalten Sie den Rauch einfach einen köstlichen

Laurence Sherman beim Anzünden einer Zigarre.

Augenblick lang im Mund, stoßen Sie ihn wieder aus und beobachten Sie, wie er in die Luft steigt. Der Rauch ist kein Nebenprodukt, sondern der Schlüssel des Vergnügens. Geschmack und Aroma einer Zigarre werden vom Rauch getragen, wenn er in den Mund eindringt und dort einen Augenblick verweilt, während er seinen Geschmack hinterläßt – würzig, nussig, holzig, voll oder leicht, ein undefinierbarer Anklang von Erdigkeit, ein Anklang des Erhabenen –, ein Gefühl, das sich nicht in Worte fassen läßt, sondern nur in Rauch, die flüchtigste aller Substanzen.

Man sollte nie übereilt ziehen, sondern im Abstand von etwa einer Minute, damit die Zigarre weiter brennt. Natürlich ist eine gewisse Aufmerksamkeit nötig, um diesen Rhythmus aufrechtzuerhalten. Je schneller man pafft, desto weniger genußreich ist die Erfahrung. Wie ein Schlot zu rauchen, ist nicht nur unelegant, sondern widerspricht dem Zweck des Zigarrenrauchens, bei dem es sich ja um ein kontemplatives Vergnügen handelt. Zudem überhitzt sich die Zigarre bei zu häufigem Ziehen, was einen bitteren Geschmack erzeugt. Auguste Barthelmy schrieb dazu 1849 in *L'Art de Fumer Pipe & Cigare*: »Der wahre Raucher versucht nicht, den Vesuv nachzuahmen.« Recht hat er.

Eine langsam gerauchte Zigarre bietet einen Genuß von 45 Minuten oder länger. In dieser Zeit sollte man versuchen, den Kopf der Zigarre so trocken wie möglich zu halten. Das heißt, er sollte nicht im Mund verweilen. Eine nasse Zigarre sieht nicht nur widerwärtig aus, sondern schmeckt auch schlecht, weil sich Teerstoffe und Nikotin im Speichel sammeln. Halten Sie die Zigarre fest im Mund, wenn Sie daran ziehen, aber pressen Sie die Lippen dabei nicht zu stark aufeinander. Während der gesamten Rauchzeit sollte sich die Zigarre nur etwa drei Minuten lang in Ihrem Mund befinden.

Der Geschmack wandelt sich, während die Zigarre an Länge abnimmt. Der Rauch wird stärker, und irgendwo auf diesem Weg – jede Zigarre verhält sich anders – ändert sich der Geschmack, und zwar nicht zum Besseren. Die meisten Zigarren haben ihren Höhepunkt überschritten, wenn etwa ein Drittel ihrer Länge geraucht wurde. Manche Kenner hören lieber auf zu rauchen, bevor dieser Punkt erreicht wird. Die meisten erfahrenen Raucher erkennen, wann die Substanz einer Zigarre aufgebraucht ist, und legen sie befriedigt beiseite. Manche Raucher hingegen geben nie auf. Doch eine Zigarre, deren Geschmack sich bis zur Säuerlichkeit intensiviert hat, hinterläßt einen unangenehmen Geschmack im Mund und einen ebensolchen

Geruch im Zimmer. Die zusätzlichen Züge, die noch möglich sind, nachdem die Zigarre ihr Ableben signalisiert hat, sind nicht so genußvoll und lohnen meist nicht.

Während ihres allzu kurzen, aber wunderbaren Lebens hinterläßt eine Zigarre ihre Fußspuren, nämlich die Asche. Eine Zigarre, die richtig brennt, produziert eine dauerhafte, feste Asche. Flockige Asche ist nicht nur ein Zeichen von Mangelhaftigkeit, sondern macht auch Schmutz. Allgemein hört man die Auffassung, daß die Zigarren bester Qualität eine weiße Asche produzieren, doch das ist zum größten Teil irrelevant. Der schöne Anblick von etwa zweieinhalb Zentimetern Asche ist Zeichen für eine gut konstruierte Zigarre, und an diesem Punkt sollte man darauf achten, daß die Asche natürlich und anmutig in den Aschenbecher fällt. Man kann dies unterstützen, wenn die Asche zu lang wird, indem man einen langen Zug nimmt, um den Fuß zu erhitzen, und die Zigarre leicht und kurz am Aschenbecher abtippt. Das ideale Ergebnis ist ein sauberer Bruch, der den glühenden Fuß einer gut erhitzten Zigarre offenbart.

Der Aschenbecher sollte der letzte Ruheplatz einer Zigarre sein. Der geringste Geruch entsteht, wenn man die Zigarre ausbrennen läßt, was sie schnell tun wird. Durch das Ausdrücken wird nur mehr Tabak offengelegt, was den unangenehmen Rauch verstärkt. Eine verbrauchte, kalte Zigarre verbreitet einen schalen Geruch, und aus diesem Grund sollte man sie möglichst bald entfernen.

Manchmal zieht eine Zigarre einfach nicht richtig, eine Schwierigkeit, die auftreten kann, wenn sie zu dicht gepackt ist. Ein sogenannter »schwerer Zug« reduziert den Geschmack, und die Zigarre neigt dazu, auszugehen. Die Einlage kann auch einen Knoten oder »Pfropfen« enthalten, der den Rauchkanal blockiert. Andererseits besteht bei einem »leichten Zug«, also bei einer Zigarre, die nicht ausreichend gefüllt ist, das Risiko von Brennen und Bitterkeit, weil zu viel Rauch auf einmal durchkommt. Schließlich kann eine Zigarre zu schnell und ungleichmäßig auf einer Seite des Deckblatts brennen, was auf eine schlechte Konstruktion oder unzureichende Befeuchtung hinweist. Trotz heldenhafter Bemühungen zur Wiederbelebung sind diese Situationen normalerweise hoffnungslos. Am besten beklagen Sie sich bei Ihrem Tabakhändler über Ihr enttäuschendes Erlebnis. Die meisten guten Händler bieten Ihnen einen Ersatz an. Doch für den Augenblick zünden Sie sich eine neue Zigarre an, denn die Zeit, die Sie sich für eine Zigarre nehmen, wird für andere Dinge nur verschwendet.

ZEIT UND ORT ZUM RAUCHEN:
Eine Stunde ganz für sich

Menschen, die nicht rauchen, haben entweder keine große Trauer gekannt oder verweigern sich dem sanftesten Trost, der dem Trost des Himmels am nächsten kommt.

E. G. Bulwer-Lytton

Gentlemen, Sie dürfen rauchen«, verkündete König Edward VII. an dem Tag, als er den englischen Thron bestieg. Freudig erfüllt, endlich befreit von Jahren strengen Abratens durch Edwards Mutter, Königin Victoria, zündeten sich die Höflinge ihre Zigarren an. Echte Raucher wissen eine solche Aufforderung stets zu schätzen.

Für die meisten Raucher sind Zigarren eine Leidenschaft, nicht nur Ablenkung. Wann und wo sie rauchen, ist ein geplantes, kein spontanes Ereignis. Ein Grund ist der, daß man, um eine Zigarre angemessen zu rauchen, Zeit braucht. Man sollte also dem Ereignis seine ganze Aufmerksamkeit widmen. Und die aufzuwendende Zeit kann beträchtlich sein. Für eine Corona braucht man mindestens 30 Minuten, manchmal mehr, und für eine Churchill muß man fast eine Stunde aufwenden. Anfänger werden oft gedrängt, wegen ihres milderen Geschmacks und der kür-

zeren Rauchdauer zuerst kleinere Zigarren zu wählen, und dieser Rat ist gut. Doch Zigarren mit größerem Ringmaß lassen sich angenehmer rauchen, da sie sich nicht so schnell erhitzen. Lassen Sie sich von Ihrer persönlichen Vorliebe und von Ihrem Lebensstil leiten. Doch für welche Zigarre Sie sich auch schließlich entscheiden, die erste Regel lautet, daß Sie die notwendige Zeit aufwenden sollten, um der Zigarre gerecht zu werden. Eine Zigarre verlangt dies, und Sie verdienen es.

Nur der mexikanische Herr des Machismo, Pancho Villa, erklärte, daß eine Zigarre eine gute Sache vor dem Früh-

stück sei, aber zu fast jeder anderen Tageszeit sind Ihre Geschmacksknospen ausreichend vorbereitet, wenn Sie die Neigung zum Rauchen verspüren. Die meisten Menschen bevorzugen früh am Tag leichtere und mildere Zigarren. Die Zeit nach dem Mittagessen ist eine angenehme Zeit für ein Rauchvergnügen, speziell dann, wenn die Zigarre eine Ergänzung zum Essen ist. Ein leichtes Mittagessen verlangt nach einer milden Zigarre, eine kräftigere Mahlzeit nach einer Zigarre mit vollerem Geschmack. Die meisten Menschen haben nicht die Zeit, eine Zigarre am Nachmittag zu genießen, aber wieder wäre eine leichtere Zigarre angebracht, damit die Geschmacksknospen Zeit haben, sich vor dem Essen zu erholen. Es ist nichts Ungewöhnliches, wenn der Geschmack derselben Zigarre nach der Tageszeit, Ihrem Appetit und Ihrem geistigen und körperlichen Zustand jeweils variiert. Die Alchimie einer Zigarre liegt in der Wechselwirkung von Raucher und Rauch.

Die beste Zeit für eine Zigarre ist sicherlich die Zeit nach dem Abendessen – die Stunde für Entspannung, Kontemplation, für jenes Zwischenspiel, das Perspektiven in eine neue Reihenfolge bringt und die Geister erfrischt. Ernsthafte Raucher würden dafür durchaus das Wort Meditation verwenden, denn eine befriedigende Zigarre und die Pause im ungestümen Gedränge des Lebens, die zum Rauchen nötig ist, schaffen ein Reich der Stille und Innenschau. Wenn diese Augenblicke etablierter Teil des Lebens sind, werden sie immer begehrenswerter, denn sie sind nicht nur ein großes Vergnügen, sondern auch der Schlüssel zur Erfrischung Ihrer inneren Ressourcen.

Im Gegensatz zu diesen privaten Momenten gibt es natürlich auch die geselligen Orte, an denen Zigarren geraucht werden. Spezielle Abende für Raucher, »Smoker Nights« genannt, in Restaurants und Hotels sind ein zunehmendes Phänomen. Nichts ist vergleichbar mit der Atmosphäre in der Gegenwart gleichgesinnter Seelen, die im Dunst feinen Rauchs bei Essen und Trinken miteinander in Verbindung treten. Die besten Orte der Geselligkeit für Zigarrenraucher sind spezielle Clubs, wie es sie in zunehmendem Maße in vielen Großstädten gibt. Dort kann man sich einen Humidor mieten, an Köstlichkeiten knabbern, die von einem guten Koch zubereitet werden, und sogar Geschäfte machen, wenn dies der Terminplan unbedingt verlangt.

Im Privatleben oder in der Öffentlichkeit, allein oder mit Freunden – wo und wann Sie am liebsten rauchen, ist genau wie Ihre Lieblingszigarre ganz Ihrem persönlichen Geschmack überlassen. Der einzige gemeinsame Nenner ist der, daß eine Zigarre unabhängig davon immer eine ausgezeichnete Gefährtin ist.

ZIGARRENKISTEN:
Das Kleingedruckte

*Was dieses Land braucht,
ist eine gute Zigarre für fünf Cent.*

Thomas Marshall
US-Vizepräsident, 1919

Cigarren-Brevier ist eine Betrachtung über die Zigarre, verfaßt von Zino Davidoff, dem Gründer des gleichnamigen Zigarrenimperiums. Der amerikanische Buchumschlag ist die Kopie einer wunderschönen Zigarrenkiste aus Zedernholz. Die leichte Eleganz der Verpackung täuscht über den recht gelehrten Ton des Werkes hinweg, doch der Kontrast ist angebracht. Das Buch wirkt wie ein schönes, altmodisches Geschenk, was eine Kiste Zigarren im Grunde ja auch ist. Das ernste Vergnügen liegt in ihrem Innern.

Die meisten hochwertigen Zigarren werden, zur Verbesserung ihres Geschmacks und um ein Austrocknen zu verhindern, in Zedernkisten verpackt. Die einfachere Ausführung besteht aus Zedernsperrholz, versehen mit Etiketten und bunten Kanten, und die bessere Ausführung aus Zedernholz, versehen mit Messingscharnieren und nichtrostenden Nägeln. Schon seit dem 19. Jahrhundert werden Zigarrenkisten mit Etiketten, die imposante Persönlichkeiten, verlockende Damen, verführerische Plantagen, Insignien mit überkreuzten Schwertern und alle möglichen dramatischen Bilder zeigen, verziert, als handle es sich bei ihrem Inhalt um ein kostbares Geschenk, was ja auch zutrifft. Doch dienen sie nicht nur der Dekoration. Bei kubanischen Zigarren wird nach dem Vernageln der Kisten ein grün-weißes Etikett aufgeklebt, das darauf hinweist, daß es sich bei dem Produkt um echte Havannas handelt. Dieser Sitte entsprechend, fügen viele Firmen ähnliche Zeichen für die Authenzität ihrer Marke hinzu.

Das Wissen über Kennzeichnungsarten ermöglicht es Ihnen beispielsweise, Kisten mit echten kubanischen Zigarren zu erkennen. Bevor Fidel Castro an die Macht kam, war auf der Unterseite der Kiste *Made in Havana – Cuba* aufgedruckt. Wenn Sie eine Kiste Zigarren mit diesem Stempel kaufen, sollte sie aus der Zeit vor dem Embargo stammen. Nach 1961 wurde diese Inschrift durch

Hecho en Cuba ersetzt. 1985 wurde das Cubatabaco-Logo zusammen mit einem Firmencode hinzugefügt, was wiederum 1994 durch *Habanos S. A.* ersetzt wurde.

Des weiteren geben die Kisten Auskunft über die Herstellungsweise der Zigarren. Nur *Totalmente a mano* bedeutet völlige Handarbeit. *Hecho a mano* (von Hand gemacht) sagt nichts darüber aus, in welchem Umfang die Zigarre von Hand gefertigt wurde. Zigarren, deren Einlage maschinell hergestellt wurde, während die Endbearbeitung per Hand erfolgte, können dieses Etikett tragen. Sie kön-

nen auch als »handgerollt« bezeichnet werden, was wiederum bedeutet, daß nur das Deckblatt von Hand hinzugefügt wurde. Weitere Möglichkeiten der Täuschung liegen in dem Begriff *Envuelto a mano*, was einfach nur »von Hand verpackt« heißt und mit eigentlicher Handarbeit bei der Herstellung nichts zu tun hat. Seien Sie also achtsam beim Zigarrenkauf. Die bunten, reich verzierten Kisten zählen mit zu den schönsten Zigarrentraditionen. Doch um etwas über die Zigarren selbst zu erfahren, sollten Sie lesen, was auf der Kiste steht.

DIE BEURTEILUNG DER ZIGARRE:
Beständigkeit zählt

Ich bin mir sicher, daß es viele Dinge gibt, die besser als eine gute Zigarre sind, aber im Augenblick weiß ich nicht, was das sein könnte.

Richard Carleton Hacker
Autor, **Die Welt der Zigarre**

Stellen Sie sich vor, Sie halten eine handgemachte Zigarre, die ganz aus langblättrigem Naturtabak besteht, in der Hand. Wenn die Vorfreude das halbe Vergnügen ist, erleben Sie jetzt bereits Genuß. Doch für den völligen Genuß ist eine Zigarre mit bestimmten Merkmalen erforderlich, und die Fähigkeit, ihre Qualität unterscheiden zu können, ist bei der Wahl von Zigarren äußerst wichtig. Die Beurteilung des Geschmacks einer Zigarre ist subjektiv, und ein Urteil bleibt allein Ihnen überlassen. Doch bei der Bewertung der Zigarrenqualität kann man definitive Maßstäbe setzen und objektive Schlußfolgerungen ziehen.

Es gibt nur einen Maßstab bei der Beurteilung von Zigarren: Beständigkeit, die in allen Lebensbereichen so definiert wird, daß die Leistung immer und immer wieder auf dem gleichen hohen Niveau gehalten wird. Das trifft auch auf die Zigarren zu. Beständigkeit ist das Markenzeichen hervorragender Qualität, der gemeinsame Nenner für die Bewertung der beiden Grundkomponenten einer Zigarre – ihre Verarbeitung und der Tabak.

Das Bewertungskriterium für die Verarbeitung ist, daß eine Zigarre gut ziehen und brennen muß, was eine Folge der Einlage ist. Wenn eine Zigarre nicht genug Einlage enthält, ist der Zug sehr leicht, was bisweilen als Vorteil gilt. Doch wenn der Zug zu leicht ist, brennt sie schnell ab, was eine unangenehme Hitze und Bitterkeit zur Folge hat. Wenn andererseits eine Zigarre zu stark gefüllt ist, läßt sich nur schwer an ihr ziehen, und vielleicht weist sie sogar einen »Pfropfen« auf – einen dichten Bereich, der es unmöglich macht, richtig zu ziehen. Bei einem schweren Zug wird das Volumen des Rauchs verringert und damit die

Menge des Geschmacks und Aromas, die beiden Schlüsselelemente bei einer guten Zigarre.

Die Verarbeitung der Zigarre sollte nicht nur für einen guten Zug sorgen, sondern auch dafür, daß sie gleichmäßig bis zum Ende abbrennt, ein Zeichen dafür, daß sie richtig gerollt wurde. Die Asche sollte fest sein und sich bis zu etwa zweieinhalb Zentimetern aufbauen, bevor sie abfällt. Im Mund sollte sich die Zigarre fest und federnd anfühlen; eine weiche Zigarre ist weder angenehm noch gut konstruiert. Hält man die Zigarre in der Hand, sollte sie eine gewisse Elastizität haben. All diese Dinge sind keine Garantie für eine großartige Zigarre, aber sie sind die Grundlagen einer guten Verarbeitung und einer fundierten Bewertung.

Beständigkeit ist auch der Bewertungsmaßstab beim Tabak. Dieser muß von allgemein hoher Qualität sein und richtig verarbeitet werden. Darüber hinaus hängt die Beständigkeit bei Geschmack und Aroma von der Fähigkeit des Produzenten ab, immer einen ausreichend großen Lagerbestand an Tabaken, aus denen sich die Mischungen zusammensetzen, aufrechtzuerhalten. Da der Tabakanbau den unvorhersehbaren Launen des Wetters und schlechten Ernten unterliegt, muß eine Zigarrenfirma stets über einen Nachschub an Tabakblättern verfügen, mit dessen Hilfe eine Überlappung von einer Ernte zur nächsten stattfinden kann, um den neuen Tabak langsam zu integrieren. Nur so kann die gleichbleibende Qualität bei den Mischungen gewährleistet werden.

Eine Warnung: Das Rauchen nur einer Zigarre einer bestimmten Sorte ist kein ausreichender Test. Wie viele Zigarren Sie von einer einzelnen Sorte rauchen, um ihren Wert zu beurteilen, ist von Ihrer Zeit, Ihrem Temperament und Ihren finanziellen Mitteln abhängig. Eine Kiste wäre eine gerechte, aber teure Bewertung. Doch schließlich – wenn man Beständigkeit in der Verarbeitung und beim Tabak in Betracht zieht – ist der Test, wie eine Zigarre schmeckt und riecht, rein persönlich. Kein Mensch kann einem anderen sagen, ob Chardonnay oder Champagner, Kaviar oder Kohl besser schmeckt. Dies trifft auch auf die Zigarren zu. Letztendlich liegt die Beurteilung allein beim Raucher.

STARS UND ZIGARREN:
Eine Bruderschaft

*Die Zigarre ist die perfekte Ergänzung
eines eleganten Lebensstils.*

George Sand

Nur wenige Stunden, bevor Präsident Kennedy 1962 das Embargo über Kuba verhängte, beauftragte er seinen Pressesekretär, ihm einen persönlichen Vorrat von tausend H. Upmann Petit Coronas zu sichern. Der amerikanische General Ulysses S. Grant, ein Kettenraucher, hätte dies verstanden, genau wie der amerikanische Senator Henry Clay, dessen Leidenschaft für Zigarren in einer Marke, die noch immer seinen Namen trägt, unsterblich wurde.

Wenn Sie Zigarren rauchen, befinden Sie sich in guter Gesellschaft. Denken Sie nur einmal an Albert Einstein und Sigmund Freud, zwei große Geister: Der eine erforschte das Universum, der andere unsere Innenwelt, und beide rauchten Zigarren. Die Auswahl an Genies reicht vom Erhabenen (Maurice Ravel schuf im inspirierenden Dunst des Zigarrenrauches himmlische Musik) bis zur Rauhbeinigkeit (Babe Ruth rauchte ungeheuer viel und ließ sich auf einer Zigarre abbilden). In der Geschichte gab es außergewöhnliche Zigarrenraucher. Der herausragendste ist wohl der Mann, der seine Zigarre schwang und sein Land mit der Kraft seiner Persönlichkeit einte: Winston Churchill. Er lernte Zigarren erstmalig im Alter von 22 Jahren kennen, als er während des spanisch-amerikanischen Krieges in Kuba interniert war. Bis zu seinem Tod im Alter von 91 Jahren soll er über eine Viertelmillion Zigarren geraucht haben – etwa 4 000 pro Jahr. Seine Lieblingszigarre, die er mit vielen anderen – etwa 3 000 Stück – in einem klimatisierten Raum aufbewahrte, war eine Double Corona mit dem Ringmaß 48 – jene Zigarre, die seinen Namen trägt. Er wählte immer Maduros.

Der einzige große Zigarrenraucher, der Churchill noch übertraf, war George Burns, der mit 14 Jahren zu rauchen begann und seine letzte Zigarre nach seinem hundertsten Geburtstag rauchte. Eine El Producto Queen war sein geliebter Kumpel im Privatleben wie auf der Bühne. Burns teilte seine Liebe zu Zigarren mit Groucho Marx, der drei

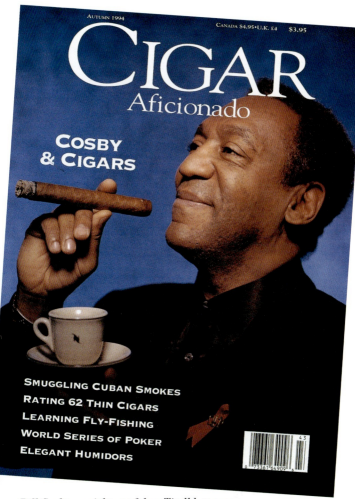

*Bill Cosby erreichte auf dem Titelblatt von
Cigar Aficionado Berühmtheitsstatus als Zigarrenraucher.*

berühmte Kennzeichen hatte – seinen Schnurrbart, seine Augenbrauen und eine gewaltige Zigarre, mit der er Unebenheiten in seinen Auftritten überspielte. »Wenn man eine Zeile vergißt«, erklärte er einmal, »muß man nur die Zigarre in den Mund stecken und an ihr ziehen, bis einem das Vergessene wieder einfällt.« Wenn er vor der Kamera stand, brannten seine Zigarren nie, aber Groucho rauchte im Durchschnitt zwei Zigarren pro Tag, wobei er eine besondere Vorliebe für die Marke Dunhill 410 hatte.

Edward G. Robinson gehört ebenfalls zu der Schule, die Zigarren als Requisiten einsetzte. Er erlangte Berühmtheit als Gangster, der ständig auf einer billigen Zigarre kaute. Charlie Chaplin setzte eine Zigarre ein, um den bösen Kapitalisten zu symbolisieren, der die unschuldigen Unterdrückten tyrannisierte. Zigarren hatten bisweilen Imageprobleme, aber nicht, wenn der Raucher der Liebling aller Zuschauer ist – Bill Cosby. Cosby genießt seine Zigarren mit ansteckender Fröhlichkeit und machte das Zigarrerauchen zu einer allamerikanischen Beschäftigung wie das Basketball-Spiel. Er ist nicht erst durch Reichtum und Berühmtheit zur Zigarre gekommen, sondern erlernte das Rauchen als Jugendlicher, als er sich mit seinem Großvater in den Keller zurückzog, weil er seine Gesellschaft zu schätzen wußte. Heute bevorzugt er eine Hoyo de Monterrey Double Corona, die, wie er sagt, sein »liebster Kubaner seit Desi Arnaz ist«.

Desi Arnaz' Frau Lucille Ball rauchte Zigarillos, was ihre Fans, die sie als verrückte und allem aufgeschlossene Lucy aus dem Fernsehen kannten, nicht weiter überrascht hätte. Doch es ist nicht albern, wenn Frauen Zigarren rauchen, denn es handelt sich um einen Zeitvertreib, den sie jahrhundertelang genossen, bis das Rauchen aufgrund der sich ändernden Sitten in der westlichen Kultur des 19. Jahrhunderts ausschließlich den Männern vorbehalten war. Die einzige Frau, die jene Zeit als Zigarre rauchendes Beispiel bietet, ist George Sand, die beachtliche Schriftstellerin, die uns 1867 diese wunderbaren Worte hinterließ: »Eine Zigarre betäubt die Sorgen und erfüllt die einsamen Stunden mit einer Million freundlicher Bilder.«

Heute umfaßt die Liste Zigarre rauchender Frauen Tausende, und es handelt sich um wahre Kennerinnen: Madonna, Whoopi Goldberg und Bette Midler zünden sich gerne eine Zigarre an. Supermodel Linda Evangelista raucht Cohiba Panatelas und Lauren Hutton, immerwährendes Model, Schauspielerin und Talkshow-Moderatorin, die Zigarren das erste Mal auf Reisen mit eingeborenen Frauen in kleinen Dörfern rauchte, genießt gerne eine dominikanische H. Upmann mit Ringmaß 41. Beide Frauen teilen ihre Begeisterung für Zigarren mit ihren Männern, ein Arrangement, das einmal von der französischen Schriftstellerin Colette, die angeblich im Bett rauchte, kommentiert wurde: »Wenn eine Frau die Vorlieben eines Mannes kennt, einschließlich seiner Vorlieben bei Zigarren, und wenn ein Mann weiß, was seine Frau mag, sind sie angemessen bewaffnet, um sich gegenüberzutreten.«

Vielleicht würde Rudyard Kipling heute die Synergie zwischen Frauen und Männern und Zigarren genießen und die Zeile, die er 1886 in dem Gedicht »The Betrothed« schrieb, ändern. In diesem Gedicht geht es um die Vorwegnahme des Konflikts zwischen seiner Braut und seiner geliebten Zigarre: »Eine Frau ist nur eine Frau, aber eine gute Zigarre ist ein Rauchvergnügen.« Glücklicherweise haben andere Zigarrenraucher, die gleichfalls literarische Größen waren, Kommentare zu Zigarren abgegeben, ohne dabei auf Frauen zu verweisen. Somerset Maugham lobte Zigarren als die eine wahre Befriedigung des Lebens, »den einzigen realisierten Ehrgeiz, der keine Enttäuschung mit sich brachte«. Und der unnachahmliche Mark Twain, der oft mit einer Zigarre in der Hand abgebildet wurde, fand diese letzten Worte zu einem Ort, wo man die Erlaubnis zum Rauchen haben sollte: »Wenn ich nicht im Himmel rauchen kann, werde ich nicht dorthin gehen.«

Sehr wahrscheinlich hieß Mark Twain dort John F. Kennedy willkommen und unterrichtete ihn über die himmlischen Rauchvorschriften. Auf der Erde setzt der Kennedy-Clan die Tradition des Zigarrenrauchens fort. Zigarrenliebhaber Arnold Schwarzennegger ist mit der Kennedy-Nichte Maria Shriver verheiratet und Mitbesitzer des Havana Room, eines privaten Zigarrenclubs in Beverly Hills. Das Leben geht weiter, und es lebt sich besser mit einer guten Zigarre.

ZIGARREN IN DER GESCHICHTE:
Ein weiter Rückblick

Diese Herren gaben uns einige Zigarren ... dabei handelt es sich um Tabakblätter, die so zusammengerollt sind, daß sie gleichzeitig als Pfeife und als Tabak selbst dienen. Sowohl die Damen als auch die Herren genießen das Rauchen dieser Zigarren sehr.

John Cockburn
Englischer Reisender in Costa Rica, 1735

An der Wand eines alten Maya-Tempels in Palenque, Mexiko, befindet sich das Relief eines rauchenden Mannes. Es könnte auch eine Frau zeigen, denn alle Maya rauchten Tabak, lange bevor Christoph Kolumbus 1492 die Karibik mit Indien verwechselte und ein Mitglied seiner Mannschaft »Indianer« entdeckte, die zusammengerollte Tabakblätter rauchten. Sie brachten diese Sitte mit nach Hause, wobei es sich nicht unbedingt um das handelte, was sich Königin Isabella erhofft hatte, als sie die Operation mit Geld unterstützte und dabei an die Bereicherung ihres Landes dachte. Nationalismus, Kolonialismus, Krieg und allerlei Regierungspolitik haben immer eine Rolle in der Geschichte der Zigarre gespielt. Wie alle kulturellen Erscheinungen unterliegen auch Zigarren den sich ändernden Sitten der Gesellschaft und den unvorhersehbaren Schwingungen des wirtschaftlichen Pendels, aber sie haben seit mindestens 2 000 Jahren überlebt. Die Geschichte der Zigarre ist noch nicht zu Ende.

Die Spanier waren gemeinsam mit den Portugiesen die ersten Eroberer der neuen Welt und die ersten Europäer, die die Schönheit der Zigarre erkannten und aus ihrer Produktion Kapital schlugen. Der Kolonialismus spanischer Prägung schlug Wurzeln in Mittel- und Südamerika, der Region, in der Zigarrentabak wuchs. (Kuba geriet 1515 unter spanische Herrschaft.) Die Engländer verpaßten bei der Tabakanpflanzung gewissermaßen den Anschluß und entwickelten sich zuerst zu einer Pfeife rauchenden Nation mit Tabak aus Virginia, einer der nordamerikanischen Kolonien. Offensichtlich hängt das, was man raucht, von dem ab,

Das Raucherzimmer des Tabakhändlers Nat Sherman.

was man anpflanzt. Erst im 18. Jahrhundert bauten die Spanier in der westlichen Hemisphäre Tabak an, produzierten Zigarren in Spanien und exportierten sie über holländische Händler bis nach Rußland.

Die kubanische Zigarre überquerte im 18. Jahrhundert während des Kampfes der europäischen Mächte die Grenzen und drang in neue Kulturen ein. 1763 besetzten die Briten Kuba für ein Jahr, was ausreichte, um dem Zauber

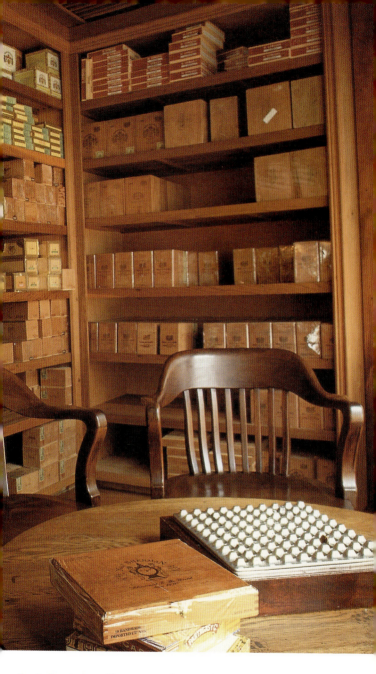

der kubanischen Zigarre zu erliegen. Als Napoleon 1803 in Spanien eindrang, entdeckten seine Männer dort kubanische Zigarren und ließen Frankreich mit einer eigenen Zigarrenproduktion aktiv werden.

Nordamerika erhielt seine erste Kostprobe der Zigarre im Jahr 1762, als Israel Putnam, ein Offizier der britischen Armee in Kuba, die Havanna-Zigarre und einen Vorrat an kubanischem Tabak mit nach Hause nach Connecticut brachte. Dort wurde bereits Tabak angepflanzt, genau wie es die Indianer früher getan hatten, doch Putnams Beitrag führte zur Anpflanzung des Tabaks, der zu einem der feinsten Deckblätter für Zigarren werden sollte – Connecticut Shade. Putnam war später General im amerikanischen Unabhängigkeitskrieg, aber man erinnert sich eher deshalb an ihn, weil er Triebkraft für die Gründung von Zigarrenfabriken war, die in der Region um Hartford in Connecticut aus dem Boden schossen.

Obwohl das Zigarrenrauchen in den Vereinigten Staaten erst zur Zeit des Bürgerkrieges populär wurde, entwickelte sich bis Ende des 19. Jahrhunderts eine ansehnliche Zigarrenindustrie, in der Tabak aus mehreren US-Staaten und aus Kuba verarbeitet wurde. In den letzten 25 Jahren des 19. Jahrhunderts bildeten kubanische Immigranten, von denen viele vor der spanischen Kolonialpolitik geflohen waren, eine erfahrene Arbeiterschaft. Key West und Tampa, beide in Florida, dem nächstgelegenen Einreisepunkt für Kubaner, entwickelten sich zum größten Zigarrenproduzenten des Landes. Der spanisch-amerikanische Krieg im Jahr 1898, der zu einem kurzen kubanischen Embargo führte, unterbrach diese Entwicklung nicht sonderlich.

Zur gleichen Zeit wurde Großbritannien zum größten Markt für kubanische Zigarren. Der Adel und die Reichen waren ihre Verehrer. Als der britische Finanzier Leopold de Rothschild eine bestimmte Zigarre forderte, die seinem Lebensstil und Geschmack entsprechen sollte – mit vollem Geschmack und einem großen Ringmaß, aber mit einem kurzen Körper für ein kurzes Rauchvergnügen –, half ihm die Fabrik Hoyo de Monterrey weiter. So kam die Welt zur Rothschild, einer Zigarre, die noch heute beliebt ist. Das viktorianische England, bekannt für seine zugeknöpfte Eleganz, verewigte das Image der Zigarre als Accessoire des kultivierten Lebens. Obwohl das Rauchen in der Öffentlichkeit verpönt war (Königin Victoria mißbilligte es), wurde die Zigarre nach dem Abendessen, genossen in einem separaten Raucherzimmer, ein beliebter Genuß für Gentlemen, die sich mit ihresgleichen zurückzogen und den Duft der Exklusivität hinterließen.

Im 20. Jahrhundert erhielt die Zigarre einige Rückschläge. Nach dem Ersten Weltkrieg lag die Industrie in den USA durch die wachsende Beliebtheit von Zigaretten, die eine preiswertere Alternative boten, fast am Boden. Dies führte zur Entwicklung von Maschinen, die preiswerte Zigarren produzierten, die noch immer ganz aus kubanischem Tabak bestanden und von so guter Qualität waren, daß die Menschen sie sich auch während der Weltwirtschaftskrise leisten konnten. So wurde die Zigarre, abgesehen von handgefertigten Havannas, in den dreißiger Jahren weltweit von jedermann geraucht und war nicht mehr nur den Reichen und Eleganten vorbehalten.

Der Zweite Weltkrieg und seine Nachwehen führten zu noch heute spürbaren Veränderungen. Nach dem Krieg stiegen die Zigarrenpreise in den USA. Die Unternehmen reagierten darauf mit völlig maschinell gefertigten Zigarren aus homogenisierten Tabakblättern. Diese Entwicklung brachte eine riesige Industrie hervor und setzte den Trend preiswerter Zigarren fort. In Havanna befürchtete man nun den Verlust großer Marktanteile, und so begann man auch dort mit der Produktion von maschinell hergestellten Zigarren, die in Amerika ungeheuer populär waren – bis die Politik eingriff. Als Fidel Castro an die Macht kam, beendeten die Reibungen zwischen den USA und seinem kommunistischen Nachbarn eine jahrhundertealte Tabakbeziehung.

Als Resultat der Verstaatlichung der kubanischen Zigarrenindustrie (die jetzt Cubatabaco heißt) und des von Präsident John F. Kennedy 1962 angeordneten Embargos füllten andere Länder das entstandene Vakuum in den USA. Einheimische Talente und Exil-Kubaner produzieren heutzutage in der Dominikanischen Republik, in Honduras und Jamaika ausgezeichnete Zigarren mit einem eigenen, speziellen Geschmack und spezifischen Charakteristika. Nicaragua, Mexiko, Ecuador und Brasilien entwickeln ebenfalls interessante Ergebnisse. Die indonesischen Inseln Java und Sumatra steuern feine Tabake bei, und in Kamerun wächst ausgezeichneter Tabak für Deckblätter. Die USA sind heute ein wichtiger Markt für diese Staaten, aber auch die Europäier importieren mittlerweile einen guten Anteil ihrer Zigarren aus diesen Ländern.

Doch die Zigarre erster Qualität ist für Kenner immer noch gleichbedeutend mit Kuba, und jede Importeinschränkung von Havanna-Zigarren, sei es durch natürliche oder politische Kräfte, scheint noch immer wie ein Entzug zu wirken. Der US-amerikanische Appetit auf kubanische Zigarren hat nicht abgenommen, sondern wird eher im Untergrund befriedigt. Die Zigarre rauchende Gemeinschaft, die Gleichgesinnte auf der ganzen Welt umfaßt, wartet begierig auf die nächste politische Verschiebung, die die Bedingungen in Kuba sicherlich ändern und Auswirkungen auf die Produktion und Verfügbarkeit der Zigarren dieses Landes haben wird. Die Geschichte der Zigarre entwickelt sich noch immer weiter.

VON HAND GEFERTIGTE ZIGARREN:
Eine Auflistung und Bewertung

Eine handgefertigte Zigarre ist wie eine raffiniert zubereitete Nachspeise. Sie läßt sich nie hundertprozentig kopieren und schmeckt nicht allen Menschen gleich. Was die einen als erhaben preisen, bezeichnen andere als »nur« sehr gut. Geschmack ist eine sehr persönliche Sache. Man kann im Grunde nur ein Urteil über die Tabakmischungen, den Zug, das Deckblatt und die Verarbeitung abgeben. Die vier hier verwendeten Kategorien sind: erlesen, exzellent, sehr gut und gut. Man sollte aber bedenken, daß es sich dabei um aktuelle Bewertungen handelt. Tabakpflanzen sind ein Naturprodukt, das ständigen Schwankungen unterworfen ist, und auch die Firmen ändern sich. Nicht jede Marke taucht in der folgenden Liste auf, doch jene, die ausgewählt wurden, sind fast überall erhältlich oder von besonderem Interesse. Eine Auswahl der Angebote jeder Firma ist ebenfalls aufgeführt.

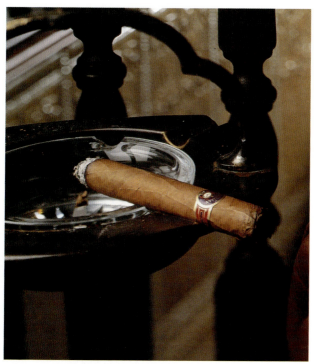

ARISTOFF

Land Nicaragua

Geschmack Mild

Qualität Ausgezeichnet ★ ★

Kennzeichen Die Aristoff-Zigarren wurden im August 1998 bei der Ausstellung der Retail Tobacco Dealers Association in Nashville vorgestellt. Die Einlage besteht aus gereiftem dominikanischem Tabak und das Umblatt aus dominikanischem Olor. Es gibt drei verschiedene Deckblätter zur Auswahl: ein Connecticut-Shade mit mildem und lieblichem Geschmack, ein Kamerun-Deckblatt mit einem würzigen Anklang und ein Arapiraca, ein brasilianischer Maduro, der mehr Körper und eine Spur von Süße mitbringt. Die Linie Black ist etwas strenger und vielschichtiger als die anderen Zigarren von Aristoff. Sie enthält dominikanischen Tabak und eine neue Mischung von brasilianischem Mata Fina, der für sein Aroma bekannt ist.

Zigarre	Format	Länge in mm	Ringmaß
450B Brazilian Maduro	Belicoso	114	50
450B Cameroon	Belicoso	114	50
450B Connecticut	Belicoso	114	50
550B Brazilian Maduro	Belicoso	140	50
550B Cameroon	Belicoso	140	50
550B Connecticut	Belicoso	140	50
700B Brazilian Maduro	Belicoso	178	50
700B Connecticut	Belicoso	178	50
700S Brazilian Maduro	Perfecto	178	50
700S Connecticut	Perfecto	178	50
Cigarrito	Zigarillo	114	33
Master of the Universe	Torpedo	175	56
Perfecto	Perfecto	140	50
Perfecto Extra	Perfecto	178	50
Perfecto Minor	Perfecto	114	50
Black			
Churchill	Double Corona	178	48
Corona	Corona	127	44
Robusto	Toro	127	48

ARTURO FUENTE

Land Dominikanische Republik

Geschmack Mittlerer bis voller Körper. Die Serien Anejo und Hemingway zeichnen sich durch ihre längere Reifung aus.

Qualität Erlesen ★ ★ ★

Kennzeichen Die Familie Fuente, Nachkommen von Don Arturo, der Ende des 19. Jahrhunderts Zigarren in Kuba herstellte, ist der größte Produzent handgerollter Zigarren in der Dominikanischen Republik. Jedes Jahr rollen mehr als 500 Zigarrenmacher über 24 Millionen Zigarren. Der besondere Charakter dieser Zigarren beruht darauf, daß sich die Mischungen für die Einlagen aus mindestens vier verschiedenen Tabaksorten zusammensetzen. Die Familie Fuente ist neuerdings auch mit ihren Deckblättern Opus X und Chateau de la Fuente – den ersten Deckblattzüchtungen in der Dominikanischen Republik – erfolgreich.

Canones

Zigarre	Format	Länge in mm	Ring- maß
Brevas Royale	Corona	127	42
Canones	Gigantes	203	52
Chateau de la Fuente	Panatela	152	38
Chateau Fuente	Robusto	102	50
Chateau Fuente Royal Salute	Double Corona	194	54
Churchill	Double Corona	178	48
Corona Imperial	Gran Corona	152	46
Cuban Corona	Corona	127	45
Cubanito	Demi-Tasse	102	32
Curly Head	Lonsdale	152	43
Curly Head Deluxe	Lonsdale	152	43
Double Chateau Fuente	Double Corona	152	50
8-5-8 Flor Fina	Gran Corona	152	47

Zigarre	Format	Länge in mm	Ring-maß
Exquisitos	Demi-Tasse	117	30
Fumas	Lonsdale	178	44
Panatela Fina	Long Panatela	178	38
Petit Corona	Short Panatela	127	38
Privada No. 1	Churchill	178	46
Rothschild	Robusto	102	50
Seleccion Privada No. 1	Lonsdale	152	44
Spanish Lonsdale	Lonsdale	152	42
Anejo			
No. 46	Gran Corona	143	46
No. 48	Double Corona	178	48
No. 49	Double Corona	194	49
No. 50	Robusto	127	50
No. 55	Torpedo	152	55
No. 77	Torpedo	152	55
Don Carlos			
No. 2	Pyramide	152	55
No. 3	Corona	127	43
No. 4	Petit Corona	130	43
Belicoso	Belicoso	137	52
Double Robusto	Toro	127	52
Presidente	Toro	152	50
Robusto	Robusto	127	50
Hemingway			
Best Seller	Figurado	127	55
Between the Lines	Figurado	127	54
Classic	Churchill	178	48
In Between the Lines	Figurado	203	54
Masterpiece	Gigantes	227	52
Short Story	Figurado	102	48
Signature	Gran Corona	152	47
Untold Story	Double Corona	178	53
Work of Art	Figurado	124	54
Sun Grown			
Chateau Fuente	Robusto	102	50
Chateau Royal Salute	Double Corona	194	54
Cuban Belicoso	Belicoso	127	52
Double Chateau Fuente	Double Corona	152	50
8-5-8	Gran Corona	152	47

ASHTON

Land Dominikanische Republik

Geschmack Mittelstark bis vollmundig
Cabinet Selection: Mild
Aged Maduro: Mild und süß

Qualität Erlesen ★ ★ ★

Kennzeichen Die Eleganz dieser Zigarren geht auf den Stil ihres Begründers William Ashton Taylor, einen Hersteller feiner englischer Pfeifen, zurück. Ihr charakteristischer Gehalt ist das Ergebnis eines zusätzlichen Reifungsprozesses, eines dominikanischen Umblatts aus kubanischem Samen und eines Connecticut-Shade-Deckblatts. Letzteres ist bei der Maduro sehr dunkel und besonders breitblättrig.

Zigarre	Format	Länge in mm	Ringmaß
Churchill	Double Corona	178	52
Cordial	Demi-Tasse	127	30
Corona	Corona	127	44
Crystal Belicoso	Toro	152	49
Crystal No. 1	Lonsdale	152	44
Double Magnum	Toro	152	50
8-9-8	Lonsdale	152	44
Elegante	Panatela	152	35
Esquire	Demi-Tasse	102	32
Magnum	Robusto	127	50
Monarch (Hülse)	Toro	152	50
Panatela	Panatela	152	36
Prime Minister	Churchill	175	48
Aged Maduro			
No. 10	Robusto	127	50
No. 15	Petit Corona	111	44
No. 20	Corona	127	44
No. 30	Lonsdale	152	44
No. 40	Toro	152	50
No. 50	Churchill	178	48
No. 60	Double Corona	178	52
Pyramid	Pyramide	152	52

Zigarre	Format	Länge in mm	Ring-maß
Cabinet Selection			
No. 1	Perfectos	227	52
No. 2	Perfectos	178	46
No. 3	Perfectos	152	46
No. 6	Robusto	127	52
No. 7	Toro	152	52
No. 8	Churchill	178	49
No. 10	Double Corona	178	52
Belicoso	Robusto	127	52
Trés Petit	Petit Corona	111	42
Pyramid	Pyramide	152	52

8-9-8

ASTRAL

Land Honduras

Geschmack Mittlerer bis voller Körper

Qualität Ausgezeichnet ★ ★

Kennzeichen 1995 führte die Firma US Cigar, die auch die Don Tomas herstellt, die Marke Astral ein, die wegen ihres leichten Aromas und der seidigen Textur ihres Connecticut-Shade-Deckblatts aus Ecuador beliebt ist. Die Einlage besteht aus kubanischem Tabak, der in der Dominikanischen Republik und Nicaragua angebaut wird, und das halbsüße Umblatt aus kubanischem Tabak aus der Dominikanischen Republik. Das Ergebnis ist eine rundum ehrliche Zigarre. Angeboten werden die Zigarren in mit Zedernholzblättern ausgelegten Glasröhrchen in Mahagoni-Kisten. Sie gelten als die feinsten Honduras-Zigarren im Handel. Die Astral Grand Reserve haben einen reicheren Geschmack und einen etwas volleren Körper als die gewöhnlichen Astrals.

Zigarre	Format	Länge in mm	Ringmaß
Besos	Robusto	127	52
Candela	Lonsdale	152	44
Descanso	Corona	127	42
Favorito	Churchill	178	48
Grandee	Toro	152	50
Lujos	Lonsdale	152	44
Maestro	Double Corona	178	52
Perfeccion	Churchill	178	48
Perfecto	Perfecto	102	48
Phoenix	Double Corona	178	50
Princesa	Short Panatela	102	36
Grand Reserve			
Beso	Robusto	127	52
Grandee	Torpedo	152	50
Lujo	Lonsdale	152	44
Maestro	Double Corona	178	52
Perfeccion	Churchill	178	48

Avo

Land Dominikanische Republik

Geschmack Mittelvoll bis voll

Qualität Erlesen ★ ★ ★

Kennzeichen Die Marke Avo wurde 1986 von Avo Uvezian kreiert, einem im Libanon geborenen amerikanischen Unternehmer, der auch den berühmten Song »Strangers in the Night« geschrieben hat. Avo-Zigarren reifen länger heran. Das Deckblatt besteht aus Connecticut Shade, und für Umblatt und Einlage wird Havanna-Tabak genommen, der in der dominikanischen Republik angepflanzt wird.

No. 4

Zigarre	Format	Länge in mm	Ring-maß
Belicoso	Toro	152	50
No. 1	Lonsdale	152	42
No. 2 (Hülse oder lose)	Toro	152	50
No. 3 (Hülse oder lose)	Double Corona	178	52
No. 4	Long Panatela	178	38
No. 5 (Hülse oder lose)	Churchill	171	46
No. 6	Panatela	165	36
No. 7	Corona	152	44
No. 8	Corona	152	44
No. 9 (Hülse oder lose)	Robusto	102	48
Petit Belicoso	Torpedo	127	46
Piramides (Hülse oder lose)	Pyramide	178	54
Puritos	Demi-Tasse	105	32
Robusto	Robusto	127	50
Domaine			
No. 10	Robusto	127	52
No. 20	Perfecto	117	50
No. 22	Perfecto	149	50
No. 30	Churchill	152	46
No. 40	Torpedo	152	52
No. 50	Torpedo	152	54
No. 60	Corona	127	43
Puritos	Puritos	105	30
XO			
Allegro	Demi-Tasse	102	34
Intermezzo (Hülse oder lose)	Robusto	127	50
Maestoso (Hülse oder lose)	Double Corona	178	48
Notturno (Hülse oder lose)	Petit Corona	127	42
Preludio (Hülse oder lose)	Corona	152	40
Presto	Slim Panatela	127	31
Serenata	Panatela	127	38
Signature			
Belicoso	Belicoso	152	48
Double Corona	Double Corona	178	50
Lonsdale	Lonsdale	152	43
Robusto	Robusto	127	52
Small Corona	Corona	102	42

BAUZA

Land Dominikanische Republik

Geschmack Voll und aromatisch mit mittlerem Körper

Qualität Erlesen ★ ★ ★

Kennzeichen Bauza-Zigarren sind für ihre sehr gute Qualität recht preiswert. Das Deckblatt stammt aus Kamerun und das Umblatt aus Mexiko. Die Einlage besteht aus dominikanischen und nicaraguanischen Tabaken. Die Bauza-Kiste erinnert an den kubanischen Stil vor Castro.

Fabuloso

Zigarre	Format	Länge in mm	Ringmaß
Casa Grande	Churchill	152	48
Fabuloso	Churchill	178	50
Florete	Panatela	175	35
Grecos	Corona	127	42
Jaguar	Lonsdale	152	42
Médaille d'Or No. 1	Lonsdale	175	44
Petit Corona	Short Panatela	127	38
Presidente	Churchill	178	50
Pyramid	Pyramide	127	50
Robusto	Robusto	127	50

BOLIVAR

Land Kuba

Geschmack Voller Körper mit würzigem Geschmack

Qualität Erlesen ★ ★ ★

Kennzeichen Das Gesicht von Simon Bolivar schmückt die Bauchbinde dieser Zigarren – ein Mann von starkem Charakter für Zigarren von ebensolcher Stärke. Diese Zigarren sind eher für den Kenner geeignet, der ihren starken Geschmack, das dunkle Deckblatt, den guten Zug und das gleichmäßige Abbrennen zu schätzen weiß. Es handelt sich um die preisgünstigsten Havannas, die für ihren Preis viel Geschmack liefern.

Belicoso Fino

Zigarre	Format	Länge in mm	Ring- maß
Belicoso Fino	Belicoso	127	52
Bolivar Tubos No. 1	Corona	127	42
Bolivar Tubos No. 2	Petit Corona	127	42
Bolivar Tubos No. 3	Demi-Tasse	124	34
Bonitas	Petit Corona	127	40
Churchill	Churchill	178	47
Corona	Corona	127	42
Corona Extra	Corona	143	44
Corona Gigantes	Churchill	178	47
Corona Junior	Petit Corona	111	42
Demi Tasse	Demi-Tasse	102	30
Especiales	Long Panatela	178	38
Gold Medal	Lonsdale	152	42
Inmensas	Lonsdale	152	43
Lonsdale	Lonsdale	152	42
Palmas	Slim Panatela	178	37
Petit Corona	Petit Corona	127	42
Petit Corona Especiales	Corona	127	44
Regentes	Demi-Tasse	127	34
Royal Corona	Robusto	127	50
Supreme Churchill	Churchill	178	47

BOLIVAR

Land Honduras

Geschmack Voller Körper

Qualität Erlesen ★ ★ ★

Kennzeichen Die Bolivar Fuerte verdient eine besondere Würdigung, da sie in Honduras und nicht in Kuba hergestellt wird. Diese Zigarren wurden im Jahr 2000 eingeführt, und mit der Zahl ihrer Anhänger wuchs auch die Anzahl ihrer Formate. Die Bolivar Fuerte ist eine ausgeprägt kräftige Zigarre mit den schweren Aromen von Erde und Gewürzen. Sie wurde in der berühmten Fabrik Villazon unter der Leitung von Estelo Padron entwickelt und enthält eine reiche Mischung der besten herzhaften Tabake der Welt. In ihr finden sich dominikanische, honduranische und nicaraguanische Tabake in einem ecuadorianischen Deckblatt. Sie berauscht mit ihrer Geschmacksfülle, ihrem herzhaften Aroma und einem intensiven Finish. Sie ist deshalb eine große und kühne Zigarre, die nur für die erfahrensten Kenner hergestellt wird.

Zigarre	Format	Länge in mm	Ringmaß
Bolivar Fuerte			
Belicoso Fino	Torpedo	152	50
Corona	Corona	127	43
Corona Tubos	Corona	143	43
Cuban Corona	Giant Corona	143	46
Delmonico	Toro	152	50
Double Corona	Double Corona	175	49
No. 1 Cabinet	Lonsdale	178	42
No. 554 Cabinet	Robusto	127	54
No. 654 Cabinet	Toro	152	54
No. 754 Cabinet	Double Corona	178	54
Palmita	Short Panatela	127	38
Robusto Tubos	Toro	143	50
A	Double Corona	178	49
B	Toro	143	50
C	Corona	127	42

BUTERA ROYAL

Land Dominikanische Republik

Geschmack Mittlerer Körper mit leicht würzigem Aroma

Qualität Ausgezeichnet ★ ★

Kennzeichen Hinter diesen Zigarren, die es seit 1993 gibt, verbirgt sich der Pfeifenschnitzer Mike Butera. Ihr besonderes Aroma dürfte auf ihrem Umblatt, einem gereiften Java-Blatt, beruhen. Die Einlage besteht aus dominikanischem Havanna-Tabak, das Deckblatt aus Connecticut Shade. Die Zedernspäne in der Kiste verbessern das Aroma zusätzlich.

Zigarre	Format	Länge in mm	Ring-maß
Bravo Corto	Robusto	114	50
Capo Grande	Churchill	191	48
Cedro Fina	Lonsdale	165	44
Cornetta No. 1	Pyramide	152	52
Dorado 652	Toro	152	62
Fumo Dolce	Corona	140	44
Butera Vintage Maduro			
No. 550	Robusto	127	50
No. 644	Corona	152	44
No. 650	Toro	152	50
No. 750	Double Corona	178	50

CAMACHO

Land Honduras

Geschmack Mittlerer Körper. Die Havanna-Linie ist nicht ganz so stark wie die Corojo, aber im Geschmack immer noch sehr voll und reich.

Qualität Ausgezeichnet ★ ★

Kennzeichen Die Camacho ist eine hoch geschätzte, voll ausgereifte Zigarre von überragendem Geschmack, deren charakteristisches Aroma von Zigarrenkennern auf der ganzen Welt anerkannt wird. Von wunderbarem Aufbau und Aussehen duftet sie vor dem Anzünden nach einem leichten Zedernaroma und schmeckt leicht süßlich mit holzigartigen Anklängen von Karamell, Muskat und Kaffee. Die Camacho Corojo ist die einzige echte Corojo-Zigarre der Welt. Die erste hundertprozentige Corojo-Generation mit echter Corojo-Einlage und Corojo-Umblatt stammt aus dem Jamastrantal – einer Region, die mit ihren vollkommenen Böden und einem idealen Klima mit Kubas legendärem Anbaugebiet Vuelta Abajo zu vergleichen ist.

Zigarre	Format	Länge in mm	Ringmaß
Cazadores	Lonsdale	152	44
Cetros	Lonsdale	152	44
Churchill	Churchill	178	48
Executives	Churchill	178	50
Monarca	Robusto	127	50
Nacionales	Corona	127	44
No. 1	Lonsdale	178	44
Corojo			
Cetros	Lonsdale	152	44
Churchill	Double Corona	178	48
Diadema	Giant	203	60
Diploma	Robusto	127	50
Figurado	Pyramide	178	54
Gigante	Toro	152	54
Monarca	Robusto	127	50

CASA BLANCA

Land Dominikanische Republik

Geschmack Äußerst mild. Die Reserve Collection neigt eher zu mittlerem Körper.

Qualität Erlesen ★ ★ ★

Kennzeichen Casa Blanca (»Weißes Haus«) wurde ursprünglich für das Weiße Haus kreiert und war die offizielle Zigarre bei der Amtseinführung von Ronald Reagan. Casa-Blanca-Zigarren, groß genug für jede Feier, sind für ihre Größe berühmt, speziell die gigantische Jeroboam und die Half Jeroboam. Doch trotz ihrer beeindruckenden Länge und ihres großen Umfangs sind diese Zigarren, deren Einlage aus dominikanischen und brasilianischen Tabaken besteht und die ein mexikanisches Umblatt und Connecticut Shade als Deckblatt haben, sehr mild.

Presidente

Zigarre	Format	Länge in mm	Ringmaß
Bonita	Short Panatela	102	36
Corona	Corona	127	42
DeLuxe	Toro	152	50
Half Jeroboam	Robusto	127	66
Jeroboam	Gigantes	254	66
Lonsdale	Lonsdale	152	42
Magnum	Double Corona	178	60
Obsequio	Torpedo	152	49
Panatela	Panatela	152	35
Presidente	Churchill	178	50
Robusto	Robusto	127	50
Reserve			
No. 1	Churchill	178	50
No. 2	Toro	152	50
No. 3	Lonsdale	152	42
No. 4	Corona	127	43
No. 5	Robusto	127	50
Obsequio	Torpedo	152	49

COHIBA

Land Kuba

Geschmack Mittlerer Körper, voller Geschmack

Qualität Erlesen ★ ★ ★

Kennzeichen Cohiba, die berühmte kubanische Marke, wurde 1968 für den ausschließlichen Genuß weniger Privilegierter geschaffen – sehr wenige, wie Fidel Castro und die Diplomaten und Staatsoberhäupter, die ihn besuchten. Obwohl die Marke heute fast überall erhältlich ist, unterstützen die Legenden, die sie umranken, ihre Exklusivität und der hohe Preis noch immer ihre Position als die herausragende Zigarre überhaupt. Für Cohibas werden nur die feinsten Tabakblätter von ausgewählten kubanischen *vegas* (Farmen) verwendet. Der Tabak wird einer zusätzlichen, geschmacksverbessernden Periode der Fermentation unterworfen. Die Zigarren selbst werden ausschließlich von den geschicktesten und erfahrensten Zigarrenmachern gerollt. Darüber hinaus werden sie in einer relativ kleinen Menge hergestellt, was sie noch illustrer macht. Die Serie Linea 1492 wurde 1992 herausgegeben, um an den fünfhundertsten Geburtstag der Entdeckung der Zigarre durch Kolumbus zu erinnern. Zigarrenraucher halten die Entdeckung Amerikas durch ihn vielleicht für vergleichsweise belanglos. Die amerikanische Firma General Cigar Corp. brachte nach einer sechsjährigen Entwicklungsphase 1997 die dominikanische Version der Cohiba auf den US-Markt. Die dominikanische Cohiba hat drei besondere Komponenten: kubanischen Tabak aus der Dominikanischen Republik als Einlage, ein dunkles und geschmeidiges Jember-Umblatt aus Indonesien und ein natürliches Deckblatt aus Kamerun, Westafrika. Zigarrenkenner erkennen einander auf der ganzen Welt, wenn sie die charakteristische Bauchbinde der Cohiba in Orange, Weiß und Schwarz in der Hand halten.

Zigarre	Format	Länge in mm	Ring-maß
Habana (Kuba)			
Coronas Especial	Panatela	152	38
Esplendido	Churchill	178	47
Exquisito	Short Panatela	127	36
Lanceros	Long Panatela	178	38
Panatela	Zigarillo	102	26
Robusto	Robusto	124	50
Siglo I	Petit Corona	102	40
Siglo II	Petit Corona	127	42
Siglo III	Corona	152	42
Siglo IV	Corona Extra	127	46
Siglo V	Lonsdale	152	43
Dominican (nur in den USA erhältlich)			
Churchill	Churchill	178	49
Corona	Petit Corona	130	42
Corona Minor	Petit Corona	102	42
Lonsdale Grande	Gran Corona	152	47
Pequenos	Demi-Tasse	105	34
Robusto	Robusto	127	49

Robusto

Siglo IV

Esplendido

CUABA

Land Kuba

Geschmack Mittlerer bis voller Körper

Qualität Erlesen ★ ★ ★

Kennzeichen Die Cuaba ist eine der neuen Marken aus Havanna. Jede Zigarre hat das charakteristische Perfecto-Format – ein Stil, der Ende des 19. Jahrhunderts bei allen Habanos Begeisterung auslöste. Sie werden in der Romeo-y-Julieta-Fabrik aus einer Mischung erlesener Tabake hergestellt.

Zigarre	Format	Länge in mm	Ring- maß
Distinguidos	Perfecto	152	52
Divinos	Perfecto	102	42
Exclusivos	Perfecto	146	46
Generosos	Perfecto	133	41
Salomones	Perfecto	178	54
Tradicionales	Perfecto	121	41

Divinos

CUESTA-REY

Land Dominikanische Republik

Geschmack Mild. Die Centro-Fino-Linie wurde 2003 für Cuesta-Rey-Raucher entwickelt, die sich einen volleren und stärkeren Geschmack wünschten.

Qualität Erlesen ★ ★ ★

Kennzeichen Der Name Cuesta-Rey geht auf die Gründerväter, Angel La Madrid Cuesta und Peregrino Rey, zurück. In Tampa, Florida, werden die Cuesta-Reys maschinell gefertigt, wogegen die feinen Zigarren mit langer Einlage in der Dominikanischen Republik von Hand gerollt werden. Die Centennial Collection, mit der die Gründung des Unternehmens im Jahr 1884 gefeiert wurde, enthält eine Mischung aus dominikanischen und brasilianischen Tabaken, die vor dem Einpacken in Kisten 35 Tage gereift sind. Die Deckblätter bestehen aus Connecticut Shade oder Kamerun-Blatt, und die Umblätter sind dominikanischer Herkunft.

Zigarre	Format	Länge in mm	Ringmaß
Aristocrat	Churchill	178	48
Cabinet No. 1	Gigantes	203	52
Cabinet No. 2	Long Panatela	178	36
Cabinet No. 47	Robusto	127	50
Cabinet No. 95	Corona	152	42
Cabinet No. 898	Churchill	178	49
Cabinet No. 1884	Lonsdale	152	44
Cameo	Demi-Tasse	102	32
Captiva	Corona	156	42
Caravelle	Slim Panatela	152	33
Individual	Gigantes	203	52
No. 120	Demi-Tasse	127	31
No. 240	Corona	127	40
Pyramid No. 9	Pyramide	152	52
Rivera	Long Panatela	178	36

Zigarre	Format	Länge in mm	Ring-maß
Centenario			
Aristocrat	Churchill	178	48
Belicoso No. 11	Torpedo	124	50
Milano	Robusto	127	48
No. 5	Corona	127	43
No. 60	Toro	152	50
Pyramid No. 9	Pyramide	152	52
Rivera	Long Panatela	178	34
Robusto No. 7	Robusto	102	50
Tuscany (Hülse)	Robusto	127	50
Centro Fino			
Belicoso No. 11	Torpedo	124	50
Captiva	Lonsdale	152	42
Churchill No. 1	Churchill	178	49
No. 60	Toro	152	50
Pyramid No. 9	Pyramide	152	52
Robusto No. 7	Robusto	102	50

Cabinet No. 1884

DAVIDOFF

Land Dominikanische Republik

Geschmack Zeichnet sich durch verschiedene Mischungen für verschiedene Serien aus:
Aniversario-Serie: Sehr mild
Grand-Cru-Serie: Robust
Millenium-Serie: Mittel im Geschmack
Thousand-Serie: Mittel im Geschmack

Qualität Erlesen ★ ★ ★

Kennzeichen Die Leidenschaft für Zigarren verschönert vielen Menschen das Leben. Für Zino Davidoff waren Zigarren sein Leben. Der in Rußland geborene Davidoff erlag bereits als Kind im Tabakladen seines Vaters dieser Faszination. Die Familie zog 1911 nach Genf, dem ursprünglichen Standort des Davidoffschen Zigarrenimperiums, das sich heute auf 35 Länder erstreckt, wo in eleganten Warenhäusern neben Pfeifen und Zigarren auch Toilettenartikel für Männer und luxuriöse Accessoires verkauft werden. Der junge Zino begann seine Romanze mit Zigarren in den 1920er Jahren, als er nach Kuba reiste, eine Verbindung, die schließlich zu einer eigenen Linie kubanischer Zigarren führte. Die legendäre Beziehung zwischen Zino Davidoff und Kuba dauerte bis 1989 an und machte Davidoff zum wichtigsten Zigarrenlieferanten der Welt. 1990 begann Davidoff mit der Produktion in der Dominikanischen Republik. Obwohl die Mischungen naturgemäß anders sind, zählt die Qualität noch immer zu den besten der Welt. Zino Davidoff starb 1994 im Alter von 88 Jahren.

Gran Cru No. 3

Gran Cru No. 5

Zigarre	Format	Länge in mm	Ring-maß
Ambassadrice	Zigarillo	117	26
Entreacto	Petit Corona	76	43
No. 1	Long Panatela	178	38
No. 2	Panatela	152	38
No. 3	Short Panatela	130	38
Short Perfecto	Perfecto	127	50
Tubos	Panatela	152	38
Aniversario-Serie			
Aniversario No. 1	Gigantes	220	48
Aniversario No. 2	Gigantes	178	48
Aniversario No. 3 (Hülse)	Slim Panatela	130	30
Grand-Serie			
Gran Cru No. 1	Corona	156	42
Gran Cru No. 2	Corona	143	42
Gran Cru No. 3	Petit Corona	127	42
Gran Cru No. 4	Petit Corona	117	40
Gran Cru No. 5	Petit Corona	102	40
Millennium-Serie			
Millennium Blend Churchill	Double Corona	178	48
Millennium Blend Corona	Petit Corona	102	41
Millennium Blend Lonsdale	Corona	152	43
Millennium Blend Petit Corona	Petit Corona	102	41
Millennium Blend Piramides	Pyramide	156	52
Millennium Blend Robusto	Robusto	127	50
Millennium Collection No. 1	Perfecto	203	50
Millennium Collection No. 2	Perfecto	178	48
Millennium Collection No. 3	Perfecto	156	43
Special-Serie			
Double R	Churchill	178	50
Short T	Torpedo	102	52
Special B	Corona	127	41
Special C	Culebra	152	33
Special R	Robusto	127	50
Special T	Torpedo	152	52
Thousand-Serie			
No. 1000	Demi-Tasse	117	34
No. 2000	Petit Corona	127	42
No. 3000	Slim Panatela	178	33
No. 4000	Corona	156	42
No. 5000	Gran Corona	143	46

DIPLOMATICOS

Land Kuba

Geschmack Mittlerer bis voller Körper

Qualität: Ausgezeichnet ★ ★

Kennzeichen Die Linie Diplomaticos wurde 1966 als zweite wertvolle Linie der Marke Montecristo eingeführt. Sie war vorrangig für den französischen Markt entwickelt worden und ist eine der wenigen Havanna-Marken, bei der sich ausschließlich handgerollte Zigarren finden. Die Diplomaticos sind großartige Zigarren: streng, mit einem vollen und reichen Finish mit Zedernaromen, makellos in Form und Erscheinung. Von Anfang an waren die Diplomaticos wegen der Spezialmischung ihrer Tabake – Einlage, Umblatt und Deckblatt kommen aus Kuba – hochgeschätzte Zigarren mit einem besonderen nußartigen Geschmack und mittlerem Körper. Ein Genuss für jeden echten Zigarrenkenner auf der ganzen Welt, und so werden die Diplomaticos immer wieder positiv besprochen. Allerdings bemerken die meisten Rezensenten, daß »der Tabak noch jung ist und eine weitere Reifung seine Qualität zweifellos erhöhen wird«.

Zigarre	Format	Länge in mm	Ringmaß
Diplomaticos No. 1	Cervantes	152	42
Diplomaticos No. 2	Piramides	156	52
Diplomaticos No. 3	Coronas	143	42
Diplomaticos No. 4	Marevas	130	42
Diplomaticos No. 5	Perlas	102	40
Diplomaticos No. 6	Long Panatela	178	38
Diplomaticos No. 7	Panatela	152	38

Diplomaticos No. 5

DON TOMAS

Land Honduras

Geschmack Voller bis mittlerer Körper mit Kaffee- und Mokka-Nebentönen

Qualität Erlesen ★ ★ ★

Kennzeichen Die Don-Tomas-Serien unterscheiden sich in Preis und Aroma sehr voneinander. Die Camaroon, seit dem Jahr 2000 auf dem Markt, besteht aus einer vierjährigen Einlage, umhüllt von einem dreijährigen Kamerun-Deckblatt. Für die Candela-Linie verwendete man ursprünglich 18 Jahre alte Candela-Deckblätter, die man in einem Lagerhaus gefunden hatte. Diese Linie wurde im Jahr 2002 wieder eingeführt. Die Corojo ist eine Aufsehen erregende Schönheit mit einem feinen Deckblatt aus kubanischem Corojo-Samen, gezogen im honduranischen Talanga. Die Zigarren der dominikanischen Serie haben einen volleren Körper und bekommen in der Kiste eine fast viereckige Form.

Zigarre	Format	Länge in mm	Ringmaß
Allegro (Hülse)	Robusto	127	50
Andante (Hülse)	Double Corona	178	50
Blunts	Petit Corona	127	42
Cetros No. 2	Lonsdale	152	44
Corona Gorda	Toro	152	52
Corona Grande	Lonsdale	152	44
Coronita	Small Panatela	102	30
Great Discovery Belicoso	Torpedo	152	46
Interlude (Hülse)	Lonsdale	152	44
Panatela Larga	Long Panatela	178	36
Presidente	Double Corona	178	50
Robusto	Robusto	127	50
Rothschild	Robusto	102	50
Small Panatela	Small Panatela	105	32
Toro	Corona Extra	127	46
Toro Grande	Toro	152	50

Zigarre	Format	Länge in mm	Ring-maß
Cameroon			
Crystals	Perfecto	178	48
Double Corona	Double Corona	178	52
Perfecto No. 1	Perfecto	102	48
Perfecto No. 2	Perfecto	127	48
Perfecto No. 3	Perfecto	152	48
Perfecto No. 4	Perfecto	178	48
Robusto	Robusto	127	52
Rothschild	Robusto	102	50
Candela			
Cetro No. 2	Lonsdale	152	42
Churchill	Churchill	178	48
Robusto	Robusto	127	50
Corojo			
Robusto 554	Robusto	127	54
Toro 660	Toro	152	60
Torpedo 652	Torpedo	152	52
Dominikanische Serie			
Belicoso	Torpedo	152	54
Churchill	Churchill	178	48
Corona	Corona	127	42
Corona Gorda	Toro	152	50
Lonsdale	Lonsdale	152	44
Panatela	Panatela	152	38
Robusto	Robusto	127	50

Don Tomas No. 2

DUNHILL

Land Dominikanische Republik

Geschmack Milder bis mittlerer Körper und mittlerer Geschmack

Qualität Erlesen ★ ★ ★

Kennzeichen Als Dunhill 1989 mit der Herstellung in der Dominikanischen Republik begann, konzentrierte man sich auf die »gereiften« Zigarren (Aged Cigars), Jahrgangszigarren, deren Tabake aus einem Jahr stammen und die mindestens drei Monate lang in Zedernräumen reifen. Das Jahr wird auf der Kiste vermerkt. Zu den Jahrgangsmischungen zählen Piloto-Cubano- und Olor-Tabake aus dem berühmten Cibao-Tal. Bei dem Deckblatt handelt es sich um Connecticut Shade. Mit der blau-weißen Dunhill-Bauchbinde attraktiv geschmückt, werden sie weltweit verkauft – mit Erfolg, denn sie sind erlesen im Geschmack und von gleichbleibender Qualität.

Zigarre	Format	Länge in mm	Ringmaß
Altamiras	Robusto	127	48
Cabreras	Churchill	178	48
Caleta	Petit Corona	102	42
Colorado	Toro	152	48
Condado	Toro	152	48
Corona Grandes	Lonsdale	152	43
Corona	Corona	127	43
Corona Extra	Robusto	127	50
Diamantes	Lonsdale	168	42
Esplendido	Gigantes	203	52
Fantino	Zigarillo	178	28
Lonsdale Grandes	Giant Corona	178	42
Panatela	Slim Panatela	152	30
Peravias	Churchill	178	50
Romanas	Robusto	102	50
Samanas	Panatela	152	38
Valderes	Corona	127	42

Zigarre	Format	Länge in mm	Ring-maß
Dunhill Aged			
Altamira	Robusto	127	48
Cabreras	Churchill	178	48
Condados	Toro	152	48
Diamantes	Lonsdale	168	42
Peravias	Churchill	178	50
Samanas	Panatela	152	38
Valderes	Corona	143	42

Centenas

EL REY DEL MUNDO

Land Kuba

Geschmack Milder Körper mit subtilem Aroma

Qualität Erlesen ★ ★ ★

Kennzeichen El Rey del Mundo bedeutet »König der Welt«, eine mutige – und nicht ganz unberechtigte – Aussage über die Qualität. Diese Marke wurde 1848 gegründet und wird in einer großen Auswahl produziert. Aufgrund ihres milden Aromas eignen sich diese Zigarren am besten für das Rauchvergnügen am Tag und sind ein guter Einstieg in die kubanische Zigarrenwelt.

Demi Tasse

Zigarre	Format	Länge in mm	Ring-maß
Choix Supreme	Robusto	127	48
Corona de Luxe	Corona	127	42
Demi Tasse	Demi-Tasse	102	30
Elegante	Zigarillo	152	28
Gran Corona	Corona Extra	127	46
Grandes de Espana	Long Panatela	178	38
Isabel	Corona	127	43
Lonsdale	Lonsdale	152	42
Lunch Club	Petit Corona	102	40
Panatela Largas	Zigarillo	175	28
Petit Corona	Petit Corona	127	42
Petit Lonsdale	Petit Corona	127	42
Senoritas	Zigarillo	102	26
Tainos	Churchill	178	47
Variedades	Zigarillo	105	29

EL REY DEL MUNDO

Land Honduras

Geschmack Voller, schwerer Körper

Qualität Erlesen ★ ★ ★

Kennzeichen Die honduranischen Zigarren mit dem Namen El Rey del Mundo sind viel schwerer im Geschmack als die kubanischen. Es gibt sie in 47 Standardformaten und ein paar Sonderformen. Einige sind in Hülsen erhältlich. Ihr starkes Aroma ist zurückzuführen auf honduranische Tabake für die Einlage-Mischungen und das Umblatt sowie auf ein Sumatra-Deckblatt aus Ecuador.

Zigarre	Format in mm	Länge	Ringmaß
Café au Lait	Short Panatela	102	35
Cedars	Lonsdale	178	43
Choix Supreme	Toro	156	49
Classic Corona	Gran Corona	143	45
Corona	Gran Corona	143	45
Corona Immensa	Churchill	178	47
Coronation	Gigantes	203	52
1848	Double Corona	194	42
Elegantes	Zigarillo	137	29
Flor de LaVonda	Pyramide	152	52
Flor de Llaneza	Torpedo	152	54
Habana Club	Corona	143	42
Imperiale	Double Corona	178	52
Individuale	Churchill	178	47
Lew's Daytime Chest	Corona Extra	127	44
Lew's Nighttime Chest	Gran Corona	152	45
Montecarlo	Toro	156	48
Originales	Gran Corona	143	45
Petit Lonsdale	Petit Corona	117	43
Plantation	Slim Panatela	152	30
Principale	Gigantes	203	47
Reserva Salado	Toro	152	54
Reynitas	Short Panatela	127	38
Robusto	Robusto	127	54
Robusto Larga Oscuro	Toro	152	54
Robusto Zavalla	Robusto	127	54
Rothschild	Robusto	127	50
Tino	Short Panatela	127	38

FONSECA

Land Kuba

Geschmack Mittlerer Körper mit leichtem Geschmack

Qualität Sehr gut ★

Kennzeichen Die kubanische Marke Fonseca ist aufgrund ihrer Leichtigkeit und Weichheit ideal für Anfänger. Die No. 1, wohl die leichteste aller kubanischen Lonsdales, ist hinsichtlich Stärke und Geschmack gut ausgewogen. Ihr Merkmal ist das weiße Seidenpapier, in das sie gewickelt wird und welches ihr ein Image verleiht, das zu ihrem sanften Geschmack paßt.

Cosacos

Zigarre	Format	Länge in mm	Ringmaß
Cosacos	Corona	137	42
Delicias	Petit Corona	124	40
Invictos	Perfectos	133	45
KDT Cadetes	Short Panatela	116	36
No. 1	Lonsdale	162	44
Vintage Collection			
Belicoso	Belicoso	152	52
Cetros	Corona	152	43
Churchill	Churchill	178	50
Lonsdale Tubo	Lonsdale	152	45
Petite Belicoso	Petit Corona	102	40
Robusto	Robusto	127	50

FONSECA

Land Dominikanische Republik

Geschmack Mittlerer Körper mit mildem Geschmack

Qualität Ausgezeichnet ★ ★

Kennzeichen Für die dominikanischen Zigarren verwendet man einen speziellen dominikanischen Tabak für die Einlage, ein mexikanisches Umblatt und Connecticut Shade als Deckblatt (Natural oder Maduro). Die Pyramide ist ungewöhnlich gut verarbeitet und hat einen vollen Geschmack. Die mit einem Zedernholzblatt umwickelte Serie enthält eine wesentlich stärkere und würzigere Mischung.

5-50

Zigarre	Format	Länge in mm	Ring- maß
10-10	Churchill	178	50
2-2	Petit Corona	102	40
5-50	Robusto	127	50
6-50 Colorado	Toro	152	50
7-9-9	Gran Corona	152	46
8-9-8	Corona	152	43
Triangulare	Pyramide	127	56
Serie F			
Breva	Belicoso	102	43
Robusto	Robusto	127	52
Toro	Toro	152	50
Cedar			
No. 1	Corona	127	38
No. 2	Gran Corona	127	43
No. 3	Gran Corona	127	46
No. 4	Robusto	127	50

GRAYCLIFF

Land Bahamas

Geschmack Milder bis mittlerer Körper, vielfältige Aromen

Qualität: Erlesen ★ ★ ★

Kennzeichen Sie gehören zu den wenigen Zigarren, die auf den Bahamas hergestellt werden – und das unter den kritischen Augen von Avelion Lara, der einst der Supervisor der kubanischen Marke Cohiba war und auch der persönliche Zigarrenwickler von Fidel Castro. Diese Zigarren, benannt nach ihrem Produktionsort Graycliff Resort, sind recht mild, aber haben genügend Kraft und so viele Geschmacksnuancen, dass sie mit jeder starken kubanischen Zigarre mithalten können. Die Linien Profesionale, Espresso und Crystal sind kräftiger als die gewöhnliche Graycliff.

Zigarre	Format	Länge in mm	Ring- maß
Chairman	Double Corona	178	50
Corona Especial	Panatela	152	38
Elegante	Long Panatela	178	38
Grande Dame	Short Panatela	127	38
Pirate	Torpedo	152	52
Presidente	Double Corona	178	48
Crystal			
P.G.	Robusto	137	50
Pirate	Torpedo	156	52
President	Churchill	178	48
Taco	Petit Corona	102	44
Espresso			
PG	Robusto	127	50
Pirate	Torpedo	156	52
President	Churchill	178	48
Profesionale			
Chairman	Double Corona	178	50
Corona Especial	Panatela	152	38
P.G.	Robusto	127	50
P.G. X	Toro	152	50

GRIFFIN'S

Land Dominikanische Republik

Geschmack Mittlerer Körper mit würzigem Aroma

Qualität Erlesen ★ ★ ★

Kennzeichen Griffin's ist eine elegante Marke und entsprechend teuer. Die Einlage besteht aus drei verschiedenen hervorragenden dominikanischen Tabaken. Für das Umblatt wird ebenfalls dominikanischer Tabak genommen und für das Deckblatt Connecticut Shade. Aufgrund ihrer Milde sind sie besonders für das Rauchvergnügen am Tag geeignet, obwohl die Fuerte-Linie eher zu einem volleren Körper neigt als die anderen. Jedes Jahr wird eine limitierte Sonderedition aufgelegt – achten Sie darauf!

No. 400

Zigarre	Format	Länge in mm	Ring- maß
No. 100	Long Panatela	178	38
No. 200	Lonsdale	178	43
No. 300	Corona	152	43
No. 400	Panatela	152	38
No. 500	Petit Corona	127	43
Fuerte Robusto	Robusto	102	48
Fuerte Short Corona	Corona	102	43
Fuerte Toro	Toro	152	50
Piramides	Pyramide	127	52
Prestige	Churchill	178	50
Privilege	Demi-Tasse	127	32
Robusto	Robusto	127	50
Toro	Corona	152	52
Toro Maduro	Corona	152	52

H. UPMANN

Land Kuba

Geschmack Mittlerer Körper mit weichem Geschmack

Qualität Erlesen ★ ★ ★

Kennzeichen Das »H.« im Namen steht für Herman, einem europäischen Bankier, der aus Leidenschaft für Zigarren 1844 in Kuba eine Fabrik gründete. Die Familie arbeitete nur 40 Jahre lang erfolgreich im Bankgeschäft und in der Zigarrenherstellung, aber die Marke genießt noch immer hohen Respekt, ja, sie hat bis auf den heutigen Tag einen legendären Ruf. Die Fabrik gehört zu Kubas ältesten Produktionsstätten für Zigarren. Die H. Upmann wird in einer verwirrenden Anzahl von Formaten produziert, von denen viele maschinell hergestellt werden. Deren Qualität kommt nicht einmal in die Nähe der handgemachten Zigarren. (Geben Sie acht: Es werden sogar maschinell gefertigte in Hülsen verkauft.)

Sir Winston

Corona

Zigarre	Format	Länge in mm	Ringmaß
Amatistas	Corona	127	40
Aromatico	Petit Corona	127	42
Cinco Bocas	Lonsdale	152	42
Connoisseur No. 1	Robusto	127	48
Corona	Corona	127	42
Corona Junior	Short Panatela	102	36
Corona Major	Petit Corona	130	42
Corona Minor	Petit Corona	102	40
Cristales	Corona	137	42
Culebras	Culebra	127	39
El Prado	Panatela	152	35
Epicures	Short Panatela	102	35
Exquisitos	Petit Corona	130	42
Glorias	Short Panatela	110	35
Kings	Petit Corona	130	42
Lonsdale	Lonsdale	152	42
Magnum 46	Gran Corona	143	46
Majestics	Corona	127	40
Medias Coronas	Petit Corona	127	42
Monarcas (Hülse oder lose)	Churchill	178	47
Naturals	Panatela	156	37
No. 1	Lonsdale	152	42
No. 2	Pyramide	156	52
No. 3	Corona	127	42
No. 4	Petit Corona	127	42
Noellas	Corona	137	42
Petit Corona	Petit Corona	127	42
Petit Palatino	Short Panatela	102	36
Petit Upmann	Short Panatela	102	36
Preciosa	Demi-Tasse	102	32
Regalias	Petit Corona	130	42
Royal Corona	Corona	127	44
Seleccion Suprema No. 25	Petit Corona	127	42
Short Corona	Corona	137	42
Singulares	Petit Corona	117	40
Sir Winston	Churchill	178	47
Super Corona	Corona Extra	127	46
Cameroon			
Belicoso	Torpedo	156	52
Churchill	Churchill	178	50
Corona	Corona	127	44
Lonsdale	Lonsdale	168	44
Petite Corona	Petit Corona	127	40
Robusto	Robusto	127	52
Lonsdale	Toro	152	54

H. UPMANN

Land Dominikanische Republik

Geschmack Mild bis mittelstark mit süßen Nebentönen

Qualität Erlesen ★ ★ ★

Kennzeichen Die dominikanische H. Upmann zeichnet sich durch einen angenehmen Hauch von Süße aus. Das traditionelle Deckblatt aus Kamerun wurde mittlerweile durch ein indonesisches ersetzt, aber Umblatt und Einlage bestehen immer noch aus dominikanischem Havanna-Tabak. Das Etikett »H. Upmann, 1844« kennzeichnet die dominikanischen Zigarren und »H. Upmann, Habana« die kubanischen.

Lonsdale

Zigarre	Format	Länge in mm	Ring- maß
Apertif	Zigarillo	102	28
Churchill	Gran Corona	143	46
Cordiale	Petit Corona	102	42
Corona Brava	Toro	152	48
Corona Cristal	Corona	127	42
Corona Imperiale	Churchill	178	46
Corona Major (Hülse oder lose)	Petit Corona	127	42
Corona	Corona	127	42
Crown Imperial	Churchill	181	46
Demi Tasse	Demi-Tasse	102	33
Director Royales	Lonsdale	168	42
El Prado	Long Panatela	178	36
Extra Finos Gold	Panatela	152	38
Figurado	Perfectos	127	48
Finos Gold	Panatela	156	36
Grande Maduro	Corona	152	48
Lonsdale	Lonsdale	168	42
Monarch (Hülse oder lose)	Churchill	178	46
Naturales	Panatela	156	36
New Yorker	Corona	143	42

Zigarre	Format	Länge in mm	Ringmaß
No. 2000	Lonsdale	178	42
Panatela Cristal	Panatela	152	38
Pequenos No. 100	Robusto	102	50
Pequenos No. 200	Corona Extra	102	46
Pequenos No. 300	Petit Corona	102	42
Petit Corona	Petit Corona	127	42
Premier (Hülse oder lose)	Double Corona	178	50
Robusto	Robusto	102	50
Rothschild (Hülse oder lose)	Robusto	102	50
Topacios	Corona	127	43
Toro	Toro	152	50
Torpedo	Torpedo	152	50
Tubo Gold	Petit Corona	127	42

Cabinet Selection

Zigarre	Format	Länge in mm	Ringmaß
Columbo	Gigantes	203	50
Corsario	Robusto	127	50
Robusto	Robusto	102	50

Chairman's Reserve

Zigarre	Format	Länge in mm	Ringmaß
Chairman's Reserve	Long Panatela	178	38
Churchill	Churchill	152	48
Double Corona	Churchill	178	50
Robusto	Robusto	127	50
Torpedo	Torpedo	152	50

Connoisseur Cabinet

Zigarre	Format	Länge in mm	Ringmaß
No. 10	Corona	127	42
No. 20	Gran Corona	127	47
No. 30	Lonsdale	152	42
No. 40	Robusto	127	50
No. 50	Corona	152	50
No. 60	Churchill	178	46
No. 70	Double Corona	178	52

H 2000

Zigarre	Format	Länge in mm	Ringmaß
Corona Larga	Lonsdale	152	44
Grand Robusto	Robusto	127	52
Miniatures	Zigarillo	102	30
No. 2 Habano	Double Corona	178	52
No. 4 Habano	Lonsdale	127	44
No. 7 Habano	Corona Extra	127	47
Torbusto	Robusto	127	60

Reserve

Zigarre	Format	Länge in mm	Ringmaß
Double Corona	Toro	152	50
Lord Rothschild	Robusto	127	50
No. 1	Corona	127	44
No. 2 (Belicoso)	Belicoso	156	52
Sir Winston	Double Corona	178	50

Hoyo De Monterrey

Land Kuba

Geschmack Mittlerer Körper und mild
Le-Hoyo-Serie: Vollmundig

Qualität Erlesen ★ ★ ★

Kennzeichen Ein *hoyo* ist eine Niederung oder ein Tal, und Hoyo de Monterrey ist ein hübscher Ort in dem herausragenden Tabakanbaugebiet Pinar del Rio in der Vuelta-Abajo-Region auf Kuba. Das nach diesem Tal benannte Unternehmen wurde 1867 gegründet und gehört zu den ältesten Fabriken des Landes. Heute produziert die Firma Zigarren, die um einiges milder sind als früher. Die Le-Hoyo-Serie hat einen volleren Körper.

Epicure No. 1

Zigarre	Format	Länge in mm	Ring-maß
Churchill	Churchill	178	47
Concorde	Churchill	178	47
Corona	Corona	127	42
Coronation (Hülse)	Petit Coronas	127	40
Double Corona	Churchill	194	49
Epicure No. 1	Gran Corona	143	46
Epicure No. 2	Robusto	124	50
Hoyo Corona	Corona	143	42
Humidor No. 1	Corona	127	44
Jean D'Arc	Panatela	143	35
Longos	Slim Panatela	178	33
Margarita	Zigarillo	102	26
Odeon	Panatela	152	38
Opera	Corona	152	42
Palmas Extra	Corona	127	40
Particulares	Gigantes	227	47
Petit Coronation (Hülse)	Petit Corona	102	40
Petit Robusto	Robusto	102	50
Royal Coronation	Corona	127	44
Short Hoyo Coronas	Petit Corona	127	42
Souvenirs De Luxe	Petit Corona	127	42
Versailles	Slim Panatela	152	33
Le Hoyo			
des Dieux	Corona	156	42
du Dauphin	Panatela	152	38
du Depute	Petit Corona	111	43
du Gourmet	Panatela	152	35
du Maire	Demi-Tasse	102	30
du Prince	Petit Corona	130	40
du Roi	Corona	127	42

HOYO DE MONTERREY

Land Honduras

Geschmack Kräftig mit mittlerem bis schweren Körper

Qualität Erlesen ★ ★ ★

Kennzeichen Die Hoyo de Monterrey aus Honduras hat einen viel volleren Geschmack als die kubanische Marke. Die Einlage besteht aus einer Mischung aus dominikanischen Tabaken, die aus Nicaragua-, Honduras- und Kuba-Samen gezogen werden, einem Umblatt aus Connecticut und einem Deckblatt, das in Ecuador aus Sumatra-Samen gezogen wird. Die Kombination, die weitaus mehr ist als die Summe ihrer Teile, ergibt eine Zigarre mit sehr vollem Geschmack. Die Bauchbinde ist kastanienbraun (die kubanischen Zigarren haben eine rote Bauchbinde). Eine spezielle Untermarke, die Excalibur, gehört zu den herausragenden Zigarren mit starkem Geschmack. Die dunkle Sumatra-Serie hat ihren Namen nach dem Deckblatt-Tabak erhalten, der aus den dunkelsten und reichsten Sun-Grown-Blättern der Sumatra-Tabake handverlesen wird und den man dann reifen lässt.

Zigarre	Format	Länge in mm	Ring-maß
Ambassadors	Corona	152	44
Banquet	Gran Corona	152	48
Café Royales	Corona	143	43
Churchill	Gran Corona	152	45
Zigarillo	Zigarillo	102	24
Coronas	Gran Corona	143	46
Cuban Largos	Churchill	178	47
Culebras	Culebra	152	35
Delights	Panatela	152	37
Demitasse	Short Panatela	102	39
Double Coronas	Churchill	152	48
Dreams	Gran Corona	127	46
Emperor	Gigante	203	52
Epicure	Robusto	127	50
Governors	Toro	156	50

Zigarre	Format	Länge in mm	Ring-maß
Largo Elegantes	Slim Panatela	178	34
Margaritas	Zigarillo	127	29
Miniatures	Zigarillo	76	22
No. 1	Lonsdale	152	43
No. 55	Corona	127	43
No. 450	Robusto	102	50
Petit	Demi-Tasse	102	31
Prensado Oscuro	Churchill	156	48
President	Gigantes	203	52
Rothschild	Robusto	102	50
Sultans	Double Corona	178	54
Super Hoyos	Corona	127	44
Tubo	Lonsdale	152	43
Dark Sumatra			
Ebano	Gran Corona	152	45
Espresso	Robusto	102	50
Media Noche	Robusto	127	54
Noche	Toro	152	52
Seleccion del Arte			
Campo	Robusto	102	50
Iglesias	Toro	156	50
Musico	Churchill	152	48
Seleccion Royale			
Aristocrata	Toro	156	54
Baron	Robusto	102	50
Condesa	Toro	152	50
Duques	Toro	156	54
Marques	Toro	152	50
Princesa	Corona	127	44
Reina	Double Corona	152	48
Senador	Toro	156	50

J. R. ULTIMATE

Land Honduras

Geschmack Voller Körper mit Havanna-Geschmack

Qualität Erlesen ★ ★ ★

Kennzeichen Die amerikanische J. R. Tobacco Company vertreibt Zigarren per Postversand, über den Groß- und Einzelhandel und handelt mit einem großen Prozentsatz der in den Vereinigten Staaten verkauften Markenzigarren. Dazu zählen auch eigene feine Zigarren. Die J. R. Ultimates, für die Havanna-Tabake aus Honduras und Deckblätter in verschiedenen Farben genommen werden, haben den Vorteil, ein Jahr gereift zu sein. Das Unternehmen, das auch Zigarren in der Dominikanischen Republik herstellt, produziert dort zwei zusätzliche Serien: Special Coronas und Special Jamaicans, die beide milder sind als die J. R. Ultimates.

Corona

Zigarre	Format	Länge in mm	Ringmaß
Cetro	Lonsdale	178	42
Corona (Hülse oder lose)	Gran Corona	143	45
Double Corona	Churchill	152	48
Estelo Individuel	Gigantes	203	52
Habanellas	Zigarillo	127	28
No. 1	Double Corona	178	54
No. 5	Corona	156	44
Palma Extra	Panatela	175	38
Petit Corona	Petit Corona	117	43
President	Gigantes	203	52
Principale	Toro	152	54
Rothschild	Robusto	102	50
Slims	Panatela	175	36
Super Cetro	Giant Corona	203	43
Toro	Toro	152	50

JUAN CLEMENTE

Land Dominikanische Republik

Geschmack Mittlerer Körper mit komplexem Geschmack
    Club Selection: Vollmundig

Qualität Erlesen ★ ★ ★

Kennzeichen 1982 begann der Franzose Jean Clement mit der Zigarrenproduktion in der Dominikanischen Republik. Die Marke trägt die spanische Form seines Namens – Juan Clemente. Die Zigarren sind ausgezeichnet, aber auch schwer erhältlich, da Clement seine Firma, die nur etwa 450 000 Zigarren pro Jahr herstellt, nicht in der exportorientierten Niedrigzollzone ansiedelte. Dies erlaubt ihm den Verkauf an Touristen, so daß weniger Zigarren für den Export übrig bleiben. Aufgrund der geringen Produktionsgröße kann die Firma sich erlauben, erstklassige Tabake zu kaufen, die nur in kleinen Mengen zur Verfügung stehen, was größeren Firmen nicht möglich ist. Zudem besteht die Einlage-Mischung aus vier verschiedenen Tabaksorten, die einen interessanten, komplexen Geschmack bieten. Das Umblatt ist dominikanischer Herkunft, das Deckblatt ist Connecticut Shade. Diese Zigarren tragen keine traditionelle Bauchbinde, sondern eine Umhüllung aus Goldfolie am Fuß, die mit einer Bauchbinde festgehalten wird.

Panatela

Zigarre	Format	Länge in mm	Ringmaß
Especiale	Long Panatela	178	38
Especiale No. 2	Panatela	152	38
530	Demi-Tasse	127	30
Gargantua	Gigante	330	50
Gigante	Gigante	227	50
Grand Corona	Corona	152	42
Obelisco	Torpedo	152	54
Panatela	Slim Panatela	152	34
Rothschild	Robusto	124	50

JUAN LOPEZ

Land Kuba

Geschmack Mild

Qualität Ausgezeichnet ★ ★

Kennzeichen Juan Lopez ist eine sehr kleine und sehr alte Zigarrenfirma, und sie zählt zu den ganz wenigen kubanischen Marken, die Zigarren ausschließlich von Hand herstellen. Die Zigarren sind für Havannas ungewöhnlich leicht und am besten für das Rauchvergnügen am Tag geeignet.

Petit Corona

Zigarre	Format	Länge in mm	Ringmaß
Corona	Corona	140	42
Nacionales	Corona	127	42
Panetela Superba	Small Panatela	127	34
Patricia	Petit Corona	114	40
Petit Corona	Petit Corona	127	42
Selecion No. 1	Gran Corona	143	46
Selecion No. 2	Robusto	124	50

JUAN LOPEZ

Land Nicaragua

Geschmack Mittlerer bis voller Körper

Qualität Auszgezeichnet ★ ★

Kennzeichen Als handgemachte nicaraguanische Puro kam die nicht-kubanische Juan Lopez 2004 auf den Markt. Diese herrliche, dunkle und unglaublich reichhaltige, in quadratische Form gebrachte Zigarre (square-pressed) wird ganz gewiss sogar dem ausgebufftesten Kenner großes Vergnügen machen. Die Juan Lopez verwendet Tabake der Oliva Tobacco Company.

Zigarre	Format	Länge in mm	Ringmaß
Belicoso	Belicoso	156	52
Corona	Corona	143	45
Corona Gorda	Churchill	178	48
Epicure No. 1	Toro	152	54
Epicure No. 2	Robusto	127	54
Titanias	Double Corona	178	54

LA FLOR DE CANO

Land Kuba

Geschmack Mild mit einem Hauch von Süße

Qualität Erlesen ★ ★ ★

Kennzeichen La Flor de Cano produziert neun Sorten, von denen fünf von Hand und vier maschinell gefertigt werden, so daß der Käufer sorgfältig auf den Unterschied achten sollte. Die Short Churchill ist besonders bemerkenswert. Diese Marke ist wegen der kleinen Mengen, in denen sie hergestellt wird, oft kaum zu finden.

Zigarre	Format	Länge in mm	Ring- maß
Corona	Corona	127	42
Diademas	Churchill	178	47
Gran Corona	Grand Corona	143	46
Short Churchill	Robusto	124	50

Corona

LA GLORIA CUBANA

Land Kuba

Geschmack Mittlerer Körper, würzig und weich

Qualität Erlesen ★ ★ ★

Kennzeichen La Gloria Cubana ist eine ehrwürdige kubanische Marke (mit einer berühmten gelben Bauchbinde), die man vor 20 Jahren wieder aufleben ließ. Heute stellt die Firma Zigarren her, die für Raucher der verschiedensten Erfahrungsstufen zugänglich sind. Die Sorte Médaille d'Or, die in kleinen Mengen hergestellt wird, wird in attraktiven lackierten 8-9-8-Kisten verkauft.

Médaille d'Or No. 4

Zigarre	Format	Länge in mm	Ringmaß
Cetros	Lonsdale	152	42
Médaille d'Or No. 1	Long Panatela	181	36
Médaille d'Or No. 2	Lonsdale	171	43
Médaille d'Or No. 3	Zigarillo	175	28
Médaille d'Or No. 4	Slim Panatela	152	32
Minutos	Petit Corona	102	40
No. 2	Churchill	178	47
Sabrosas	Corona	156	42
Tainos	Churchill	178	47
Tapados	Corona	137	42

MACANUDO

Land Jamaika

Geschmack Mild und weich

Qualität Erlesen ★ ★ ★

Kennzeichen *Macanudo* bedeutet »der Größte«, und viele glauben, daß diese Zigarren das Kompliment verdienen. Heute werden Macanudos sowohl in Jamaika als auch in der Dominikanischen Republik hergestellt, doch aufgrund der Genauigkeit der Mischung ist es unmöglich, das Herkunftsland einzelner Zigarren zu nennen. Alle enthalten jamaikanische, dominikanische und mexikanische Tabake als Einlage, ein mexikanisches Umblatt und Connecticut Shade als Deckblatt. Ein ungewöhnlich langer Reifeprozeß während der Produktion verfeinert den Geschmack. Bei dieser Marke gibt es die verschiedensten Deckblätter: das grünlichbraune Jade (Candela) mit mildem Geschmack, Café (hellbraun) mit mittlerem Geschmack und das dunkelbraune Maduro aus einem mexikanischen Blatt. Die Vintage Collection hat einen volleren Körper und ist teurer, wobei die Marke insgesamt dem teureren Segment angehört.

Zigarre	Format	Länge in mm	Ringmaß
Ascot	Demi-Tasse	105	32
Baron de Rothschild	Lonsdale	152	42
Caviar	Short Panatela	102	36
Claybourne	Slim Panatela	152	31
Crystal	Robusto	127	50
Diplomat	Figurado	102	60
Duke of Devon	Corona	127	42
Duke of Wellington	Gigantes	203	47
Duke of Windsor	Torpedo	152	50
Duke of York	Toro	127	54
898	Churchill	178	45
Hampton Court (Hülse)	Corona	127	43
Hyde Park	Robusto	127	49
Lords	Robusto	102	49
Majesty	Toro	152	54

Zigarre	Format	Länge in mm	Ring-maß
Miniature	Zigarillo	76	24
Petit Corona	Short Panatela	127	38
Portofino (Hülse)	Slim Panatela	178	34
Prince of Wales	Gigantes	203	52
Prince Philip	Churchill	178	49
Trump	Gran Corona	152	45
Tudor	Toro	152	52
Maduro			
Ascot	Demi-Tasse	102	32
Baron de Rothschild	Lonsdale	152	42
Diplomat	Figurado	102	60
Duke of Devon	Corona	127	42
Hampton Court (Hülse)	Corona	127	42
Hyde Park	Robusto	127	49
Prince Philip	Churchill	178	49
Rothschild	Lonsdale	152	42
Vintage			
Demi's	Demi-Tasse	105	36
I	Double Corona	178	49
II	Lonsdale	152	43
III	Long Corona	127	43
IV	Toro	127	49
V	Toro	127	49
VIII	Robusto	127	50

Crystal

Hampton Court

Hyde Park

Duke of Wellington

MONTECRISTO

Land Kuba

Geschmack Mittlerer bis voller Körper, pikant und aromatisch

Qualität Erlesen ★ ★ ★

Kennzeichen Montecristo, eine Marke, die in den 1930er Jahren kreiert wurde, galt bis zur Schaffung der Cohiba 1967 als die beste Havanna. Sie ist mit mehr als 30 Millionen Stück heute immer noch die am meisten verkaufte Zigarre Kubas. Vor allem in Spanien und Frankreich hat sie einen beträchtlichen Marktanteil, aber auch in Großbritannien und in der Schweiz werden große Mengen abgesetzt. Die Montecristos mit ihrem leicht öligen Colorado-Claro-Deckblatt haben ein einzigartiges, pikantes Aroma. Ihre Kiste ist fast so berühmt wie ihr Geschmack. Das attraktive Design mit gekreuzten Schwertern und Lilien ist eine Referenz an den Grafen von Montecristo aus dem Roman von Alexandre Dumas, nach dem die Marke benannt wurde

No. 2

No. 3

Zigarre	Format	Länge in mm	Ring-maß
A	Gigantes	241	47
B	Corona	135	42
Double Corona	Double Corona	152	50
Edmundo	Robusto	127	52
Especial No. 1	Long Panatela	191	38
Especial No. 2	Panatela	152	38
Joyitas	Zigarillo	114	26
Millenium Reserve	Robusto	127	50
Mini Belicoso (Hülse)	Robusto	127	52
No. 1	Lonsdale	165	42
No. 2	Pyramide	156	52
No. 3	Corona	140	42
No. 4	Petit Corona	127	42
No. 5	Petit Corona	102	40
No. 6	Demi-Tasse	127	33
No. 7	Zigarillo	156	28
Petit Tubos	Petit Corona	130	42
Robusto	Robusto	127	50
Toro	Toro	152	50
Tubos	Corona	152	42

Habana 2000

Belicoso	Belicoso	152	54
Buena Fortuna	Gran Corona	143	47
Clemenceau	Churchill	178	46
Discovery	Petit Corona	130	44
Especial No. 2	Petit Corona	127	40
Fancytail (Hülse)	Panatela	152	39
Habano No. 2	Torpedo	156	52
Kilimanjaro (Hülse)	Churchill	178	46
Magnum (Hülse)	Toro	152	50
Rothschilde (Hülse)	Robusto	127	50
Taj Mahal (Hülse)	Gigantes	216	52
Talisman (Hülse)	Double Corona	178	50
Victore	Toro	152	50
Xanadu (Hülse)	Robusto	127	50

MONTECRISTO

Land Dominikanische Republik

Geschmack Mittlerer Körper

Qualität: Erlesen ★ ★ ★

Kennzeichen Die dominikanische Version der bekannten kubanischen Marke setzt auf ein wunderschönes Connecticut-Shade-Deckblatt und bietet ein weiches und reiches Aroma von mildem Kaffee mit Untertönen von Zeder und Kakao. In der Serie Afrique finden sich exotische und würzige Zigarren, während die Montecristos der Des-Art-Linie aus reicheren Tabaken bestehen und wegen ihrer indonesischen Deckblätter einen volleren Körper besitzen. Bei der Peruvian-Linie wird der Montecristo-Einlage peruanischer Tabak beigesetzt, um einen etwas reichhaltigeren Geschmack zu gewinnen. Außerdem werden diese Zigarren in quadratische Formen gepresst. Die Linie der Serie V schmeckt kräftiger. Sie wird mit einem Deckblatt aus Kamerun hergestellt und ist oft nur schwer zu finden.

Zigarre	Format	Länge in mm	Ring- maß
Churchill	Churchill	178	48
Corona Grande	Gran Corona	127	46
Double Corona	Toro	156	50
Especial No. 1	Long Panatela	168	44
Grande (Hülse)	Double Corona	178	50
Habanito	Demi-Tasse	76	23
Half Corona	Petit Corona	102	42
No. 1	Lonsdale	165	44
No. 2	Torpedo	152	50
No. 3	Corona	127	44
No. 4	Petit Corona	127	44
Robusto	Robusto	102	50
Torpedo	Torpedo	156	50
Tubo	Lonsdale	156	42

Zigarre	Format	Länge in mm	Ring-maß
Afrique			
Afrique 444	Petit Corona	102	44
Jambo	Robusto	127	52
Jambo Jambo	Toro	152	52
Kilimanjaro	Long Panatela	178	47
Lemosho	Corona	127	40
Machame	Corona	127	44
Ngorogoro 444	Petit Corona	102	44
Sublimation	Gran Corona	127	43
Uhuru	Gran Corona	127	47
Cigare des Arts			
A	Gigantes	227	47
Belicoso Largos	Belicoso	178	52
Corona Grande	Corona	152	52
Delacroix	Churchill	178	46
Le Grande Delacroix	Double Corona	178	50
Petit Delacroix	Demi-Tasse	102	30
Rothschild	Robusto	127	50
Royale Delacroix	Double Corona	178	52
Tabac Delacroix	Toro	152	50
Peruvian			
Buena Fortuna	Corona Extra	127	47
Especial No. 2	Petit Corona	127	40
Fer de Lance	Petit Corona	127	44
Platinum			
Habana No. 2	Torpedo	156	52
Mini-Belicoso	Belicoso	127	52
No. 1	Gran Corona	156	44
No. 5	Petit Corona	102	45
Petite No. 2	Belicoso	102	45
Por Delacroix	Double Corona	178	50
Robusto	Robusto	127	50
Toro	Toro	152	50
Serie V			
Corona Gorda	Corona Extra	127	46
Mini Belicoso	Belicoso	127	52
Mini Churchill	Robusto	127	48
No. 4	Petit Corona	127	44
Robusto	Robusto	127	50
White			
Churchill	Churchill	178	54
Especiale No. 1	Gran Corona	168	44
No. 2	Torpedo	156	52
Rothschild	Robusto	127	52
Toro	Toro	152	54

NAT SHERMAN

Land Dominikanische Republik

Geschmack **City Desk Selection:** Starker Geschmack, Maduro-Deckblatt mit mittlerem bis vollem Körper
Exchange Selection: Mild und weich, Connecticut-Deckblatt
Gotham Selection: Mild und ausgewogen, Connecticut-Deckblatt
Host Selection: Süß im Geschmack, mild bis mittlerer Körper, Connecticut-Deckblatt
Landmark Selection: Mittlerer bis voller Körper, Kamerun-Deckblatt
Manhattan Selection: Mittlerer Körper, nussartiges Aroma, mexikanisches Deckblatt
Metropolitan Selection: Voller Körper, hervorragendes Bouquet und stattliche Erscheinung
VIP Selection: Sehr mild, weich, Connecticut-Deckblatt

Qualität Erlesen ★ ★ ★

Kennzeichen Das Tabakgeschäft von Nat Sherman in der New Yorker Fifth Avenue befindet sich in einem Gebäude mit einer hübschen Glocke an der Ecke. Sie ist auf der Bauchbinde der Zigarren von Nat Sherman abgebildet. Verschiedene Hintergrundfarben kennzeichnen die vielen unterschiedlichen Serien, die angeboten werden. Die Einlage besteht jeweils aus einer anderen Tabakmischung, und jede Serie ist nach einem Ereignis der Geschichte New Yorks oder der Familie Sherman benannt.

Zigarre	Format	Länge in mm	Ringmaß
City Desk Selection			
Dispatch	Gran Corona	152	46
Gazette	Corona	152	42
Telegraph	Toro	152	50
Tribune	Churchill	178	50

Zigarre	Format	Länge in mm	Ring- maß
Exchange Selection			
Academy No. 2	Demi-Tasse	127	31
Brazil Twists	Culebra	127	28
Butterfield No. 8	Lonsdale	165	42
Carpe Diem	Lonsdale	152	43
Murray Hill No. 7	Panatela	152	38
Oxford No. 5	Churchill	178	49
Trafalgar No. 4	Gran Corona	152	47
Fifth Avenue			
No. I	Panatela	127	38
No. IV	Robusto	127	50
No. V	Lonsdale	152	43

City Desk Selection: Telegraph

Manhattan Selection: Gramercy

Landmark Selection: Vanderbilt

Gotham Selection: 1400

Zigarre	Format	Länge in mm	Ringmaß
Gotham Selection			
No. 65	Slim Panatela	152	32
No. 500	Churchill	178	50
No. 711	Toro	152	50
No. 1400	Corona	159	44
Host Selection			
Halstead	Giant Corona	203	40
Hamilton	Corona	140	42
Hampton	Churchill	178	50
Hanover	Pyramide	127	56
Harrington	Gran Corona	152	46
Hobart	Robusto	127	50
Hudson	Demi-Tasse	117	32
Hunter	Corona	152	43
Huron	Pyramide	102	44
Landmark Selection			
Algonquin	Lonsdale	171	43
Dakota	Churchill	178	49
Hampshire	Corona	140	42
Metropole	Slim Panatela	152	34
Vanderbilt	Gran Corona	152	47
LSN Selection			
A2	Demi-Tasse	127	31
A4	Lonsdale	152	43
A6	Robusto	127	49
A8	Churchill	178	49
Manhattan Selection			
Beekman	Zigarillo	133	28
Chelsea	Panatela	165	38
Gramercy	Lonsdale	171	43
Sutton	Robusto	140	49
Tribeca	Slim Panatela	152	31
Metropolitan Selection			
Anglers	Corona	140	43
Explorers	Pyramide	140	56
Metropolitan	Pyramide	178	60
Nautical	Pyramide	178	48
Union	Robusto	102	50
University	Toro	152	50
VIP Selection			
Astor	Robusto	114	50
Barnum	Corona	127	42
Carnegie	Toro	152	48
Morgan	Lonsdale	178	42
Zigfield "Fancytale"	Panatela	171	38

PARTAGAS

Land Kuba

Geschmack Voller Körper mit erdigem Geschmack

Qualität Erlesen ★ ★ ★

Kennzeichen Die Partagas ist eine der ältesten Zigarrenmarken und wurde in den vierziger Jahren des 19. Jahrhunderts von Don Jaime Partagas geschaffen. Heute werden – immer noch in derselben Fabrik im Stadtzentrum von Havanna – 83 Sorten produziert: 28 handgemachte, 30 maschinell gefertigte und 25, bei denen die Einlage maschinell produziert und das Deckblatt von Hand gerollt wird. Die handgemachten Zigarren sind herausragend, die übrigen sind nicht unbedingt so gut.

Zigarre	Format	Länge in mm	Ringmaß
8-9-8 Cabinet Selection			
Unvarnished	Corona	156	42
Varnished	Lonsdale	152	43
Aristocrats	Petit Corona	127	40
Astoria	Corona	137	42
Belvederes	Short Panatela	124	39
Bonito Extra Mild	Zigarillo	105	29
Charlotte	Panatela	143	35
Chico	Chico	105	29
Churchills de Luxe	Churchill	178	47
Corona	Corona	127	42
Corona A. Mejorado	Corona	127	42
Corona Grande	Corona	156	42
Coronas Junior	Petit Corona	117	40
Coronas Senior	Corona	127	44
Culebra	Culebra	127	39
Demitip	Zigarillo	127	29
Edicion Limitada			
Piramide Maduro	Pyramide	152	52
Serie D No. 3	Toro	156	50
Serie D No. 2	Toro	156	50
Serie D No. 1	Toro	152	50
Serie D No. 4 Reserva	Robusto	124	50

Zigarre	Format	Länge in mm	Ring-maß
Eminentes	Corona	127	44
Filipos	Demi-Tasse	124	34
Habaneros	Short Panatela	127	39
Londres en Cedro	Petit Corona	127	40
Londres Extra	Petit Corona	130	40
Londres Finos	Petit Corona	130	42
Lonsdale	Lonsdale	152	42
Lusitania	Churchill	194	49
Mille Fleur	Petit Corona	130	42
Palmas Grande	Slim Panatela	178	33
Panatela	Short Panatela	127	35
Parisiano	Petit Corona	130	40
Partagas de Luxe	Corona	127	40
Partagas de Partagas No. 1	Lonsdale	152	43
Perfecto	Perfecto	127	44
Personales	Petit Corona	127	40
Petit Bouquet	Short Panatela	98	37
Petit Corona	Petit Corona	127	42
Petit Corona Especiales	Corona	127	44
Petit Partagas	Petit Corona	130	40
Presidente	Perfecto	152	47
Princess	Short Panatela	127	35
Ramonita	Zigarillo	102	26
Regalias de la Reina Bueno	Petit Corona	117	40
Royales	Petit Corona	127	40
Seleccion Piramides Partagas	Pyramide	156	52
Seleccion Privada No. 1	Lonsdale	152	43
Seleccion Robusto Partagas	Robusto	124	50
Serie du Connoisseur No. 1	Long Panatela	178	38
Serie du Connoisseur No. 2	Panatela	152	38
Serie du Connoisseur No. 3	Short Panatela	137	35
Serie D No. 4	Robusto	124	50
Serie P No. 2	Pyramide	156	52
Shorts	Petit Corona	111	42
Super Partagas	Corona	127	40
Toppers	Panatela	152	39

PARTAGAS

Land Dominikanische Republik

Geschmack Mittlerer bis voller Körper, reicher Geschmack mit einem Hauch von Süße

Qualität Erlesen ★ ★ ★

Kennzeichen Der volle Geschmack dieser Zigarren ist das Ergebnis einer Einlage-Mischung aus dominikanischen, jamaikanischen und mexikanischen Tabaken, eines mexikanischen Umblatts und des Deckblatts aus Kamerun. Zur 150-Jahrfeier der Marke gibt es die Signature-Serie als limitierte Edition mit gereiftem Kamerun-Deckblatt. Sie wird in Kisten zu 25, 50 und 100 Stück verkauft. Die Partagas Black kam 2001 auf den Markt. Sie hat einen reichen vollen Körper und ein großes Ringmaß. Die kubanische Bauchbinde ist mit dem Aufdruck »Habana« versehen und die dominikanische mit »Partagas 1845«.

Zigarre	Format	Länge in mm	Ringmaß
8-9-8	Gran Corona	175	44
Almirantes	Gran Corona	159	47
Anniversario	Double Corona	178	52
Aristocrat	Torpedo	152	50
Diablo	Belicoso	152	50
Fabuloso	Double Corona	178	52
Humitube	Lonsdale	152	43
Maduro	Toro	152	48
Miniaturas	Zigarillo	76	24
Naturales	Robusto	127	50
No. 1	Lonsdale	171	43
No. 2	Corona	146	43
No. 3	Corona	133	43
No. 4	Short Panatela	127	38
No. 5	Zigarillo	127	28
No. 6	Slim Panatela	152	34
No. 8	Gran Corona	152	47
No. 9	Long Panatela	227	38
No. 10	Churchill	178	49
Padre	Toro	152	50
Puritos	Demi-Tasse	105	32
Robusto	Robusto	102	49
Sabroso	Corona	149	44

Zigarre	Format	Länge in mm	Ring-maß
Signature-Serie			
A	Lonsdale	152	43
AA	Churchill	178	49
B	Gran Corona	152	47
C	Robusto	127	49
D	Short Panatela	127	38
Don Ramon	Double Corona	178	52
Figurado	Toro	152	50
Robusto	Robusto	102	49
Black			
Bravo	Robusto	102	54
Clasico	Robusto	127	54
Magnifico	Toro	152	54
Maximo	Toro	152	50
Piramide	Pyramide	152	60
Pronto	Demi-Tasse	106	36
Limited Reserve			
Epicure	Short Panatela	127	38
Regale	Gran Corona	152	47
Robusto	Robusto	127	49
Royale	Lonsdale	152	43
Serie S			
Esplendido	Perfecto	102	60
Exquisito	Perfecto	178	54
Perfecto	Perfecto	152	49
Preferido	Torpedo	152	52
Primero	Pyramide	152	60
Spanish Rosada			
Familia	Toro	152	54
Mitico	Double Corona	178	49
Ramon y Ramon	Gran Corona	152	45
Rojito	Robusto	102	50
Sabroso	Long Corona	149	44
San Agustin	Robusto	127	52

8-9-8

Almirantes

POR LARRANAGA

Land Kuba

Geschmack Mittlerer bis voller Körper mit einem Hauch von Süße

Qualität Erlesen ★ ★ ★

Kennzeichen Bei Por Larranaga handelt es sich um eine ehrwürdige Marke, die älteste Firma, die noch produziert. Die Zigarren werden nur begrenzt vertrieben und sind unter den Kennern sehr gesucht. Die Firma, die als erste die Zigarrenherstellung mechanisierte, stellt maschinell und von Hand gefertigte Zigarren in denselben Größen her. Der Name Larranaga taucht in Rudyard Kiplings berühmtem Gedicht auf, in dem er schrieb: »Eine Frau ist nur eine Frau, aber eine gute Zigarre ist ein Rauchvergnügen.« Leider.

Coronitas

Zigarre	Format	Länge in mm	Ringmaß
Belvederes	Short Panatela	124	39
Corona	Corona	141	42
Coronitas	Demi-Tasse	117	34
Juanitos	Zigarillo	105	29
Largos Por Larranaga	Panatela	152	35
Lolas en Cedro	Petit Corona	130	42
Lonsdale	Lonsdale	152	42
Montecarlo	Panatela	152	35
Panatela	Short Panatela	127	37
Petit Corona	Petit Corona	127	42
Small Corona	Petit Corona	102	40
Super Cedros	Petit Corona	124	40

POR LARRANAGA

Land Dominikanische Republik

Geschmack Mittlerer bis voller Körper

Qualität Erlesen ★ ★ ★

Kennzeichen Por Larranagas aus der Dominikanischen Republik sind ausgezeichnete Zigarren mit einer Einlage aus dominikanischen und brasilianischen Tabaken, einem dominikanischen Umblatt und einem Connecticut-Shade-Deckblatt. Die Bauchbinden der kubanischen Marke sind mit »Habana« gekennzeichnet, die der dominikanischen mit »La Romana«. Neuerdings werden einige Zigarren in Honduras mit einer Mischung aus lokalen Tabaken hergestellt.

Piramide

Zigarre	Format	Länge in mm	Ringmaß
Cetros	Lonsdale	175	42
Delicados	Panatela	165	36
Fabulosos	Churchill	178	50
Nacionales	Corona	140	42
Petit Cetro	Short Panatela	127	38
Robusto	Robusto	127	50
Toro	Toro	152	50
H 2000			
Cedro en Cristal	Corona	152	48
Churchill	Double Corona	178	50
Coronas Largas	Lonsdale	152	44
Robusto	Robusto	127	50
Torpedo	Torpedo	178	52
Honduran Blend			
Corona	Corona	127	43
Corona Gorda	Toro	152	50
Double Corona	Churchill	178	48
Lonsdale	Lonsdale	152	44
Petite	Panatela	127	38
Piramide	Torpedo	152	52

PUNCH

Land Kuba

Geschmack Milder bis mittlerer Körper mit pikantem Geschmack

Qualität Erlesen ★ ★ ★

Kennzeichen Diese Marke wurde 1840 für den britischen Markt geschaffen und nach dem Satiremagazin *Punch* benannt, dessen Wahrzeichen ein Mann namens Mr. Punch war, der stolz eine Zigarre zur Schau trug. Sein Bild ziert noch immer die Kisten dieser Marke. Heute ist die Marke weltweit beliebt und recht preiswert, eine Tatsache, die sie für Kenner leider weniger reizvoll macht. Es gibt eine große Anzahl von Sorten, zu denen auch viele maschinell gefertigte zählen, die dieselbe Größe wie die handgemachten haben. Vorsicht ist daher angebracht. Darüber hinaus können Zigarren derselben Größe in den verschiedenen Ländern unterschiedliche Namen haben.

Zigarre	Format	Länge in mm	Ringmaß
Belvedere	Short Panatela	124	39
Black Prince	Gran Corona	143	46
Churchill	Churchill	178	47
Zigarillo	Zigarillo	105	29
Corona	Corona	127	42
Coronation (Hülse)	Petit Corona	127	42
Coronet	Demi-Tasse	117	34
Diademas Extra	Gigantes	227	47
Double Corona	Double Corona	194	49
Exquisitos	Petit Corona	127	40
Gran Corona	Corona	127	40
Margarita	Zigarillo	102	26
Monarcas	Churchill	178	47
Nacionales	Corona	137	42
Ninfa	Slim Panatela	178	33
Palmas Reales	Corona	143	40
Panatela	Demi Tasse	117	34
Panatela Grande	Slim Panatela	178	33

Zigarre	Format	Länge in mm	Ring-maß
Petit Corona	Petit Corona	127	42
Petit Corona Punch	Corona	127	42
Petit Coronation (Hülse)	Petit Corona	130	42
Petit Punch	Petit Corona	102	40
Petit Punch Deluxe	Petit Corona	102	40
Presidente	Petit Corona	127	42
Punch	Gran Corona	143	46
Punchinello	Demi Tasse	117	34
Robusto	Robusto	127	50
Royal Coronation	Corona	127	44
Royal Selection No. 11	Gran Corona	143	46
Royal Selection No. 12	Petit Corona	127	42
Seleccion de Luxe No. 2	Petit Corona	127	42
Souvenir de Luxe	Petit Corona	127	42
Super Selection No. 1	Corona	156	42
Super Selection No. 2	Gran Corona	143	46
Tres Petit Corona	Petit Corona	111	42

PUNCH

Land Honduras

Geschmack Voller Körper

Qualität Erlesen ★ ★ ★

Kennzeichen Die Punch aus Honduras ist eine der besten Marken dieses Landes. Die Einlage besteht aus Tabaken von Honduras, der Dominikanischen Republik und aus Nicaragua. Sie haben ein Connecticut-Umblatt und ein Sumatra-Deckblatt aus Ecuador. Der robuste Geschmack der Grand-Cru-Serie beruht auf Tabak, der drei bis fünf Jahre gereift ist. Die Gran Puro wurde vor kurzem als eine Zigarre aus ausschließlich honduranischen Tabaken eingeführt, die ein besonders dunkles und extra kräftiges Havanna-Sun-Grown-Deckblatt aus Honduras hat.

Britania

Zigarre	Format	Länge in mm	Ring- maß
After Dinner	Lonsdale	178	46
Amatistas	Corona	152	44
Café Royale	Corona	143	44
Casa Grande	Churchill	178	46
Champion	Perfecto	102	54
Chateau L	Double Corona	178	54
Corona	Gran Corona	152	45
Deluxe Chateau L	Double Corona	178	52
Deluxe Chateau M	Gran Corona	127	45
Deluxe Corona	Corona	152	44
Deluxe Corona Gorda	Robusto	127	50
Deluxe Oxford	Corona	152	43
Deluxe Royal Coronation	Corona	127	44
Deluxe Windsor	Toro	156	50
Double Corona	Churchill	152	48
Elite	Corona	127	45
Largo Elegante	Slim Panatela	178	32
London Club	Petit Corona	127	40

Zigarre	Format	Länge in mm	Ringmaß
Lonsdale	Lonsdale	152	43
Magnum	Robusto	127	54
Monarcas	Churchill	152	48
No. II	Torpedo	152	50
No. 75	Corona	127	44
Pita	Toro	156	50
Presidente	Gigante	203	52
Prince Consort	Gigantes	203	52
Punch	Gran Corona	152	45
Pyramid	Pyramide	152	44
Rothschild	Robusto	102	50
Slim Panatela	Zigarillo	102	28
Super Rothschild	Robusto	127	50

Gran Cru

Zigarre	Format	Länge in mm	Ringmaß
Britania	Toro	152	50
Diademas	Double Corona	178	52
Monarcas	Churchill	152	48
No. II	Torpedo	156	54
Prince Consort	Gigantes	203	52
Punchito	Robusto	102	50
Robusto	Robusto	127	50
Superior	Toro	143	48
VR I	Belicoso	152	50
VR II	Belicoso	152	54
VR III	Belicoso	102	60

Gran Puro

Zigarre	Format	Länge in mm	Ringmaß
Libertad (Hülse)	Robusto	127	52
Pico Bonito	Toro	152	50
Rancho	Robusto	127	54
Santa Rita	Robusto	102	52
Sierra	Gran Corona	152	48

Vintage

Zigarre	Format	Länge in mm	Ringmaß
No. 1	Lonsdale	152	44
No. 10	Robusto	102	50
No. 25	Gran Corona	127	46
No. 30	Double Corona	175	48
No. 40	Double Corona	178	54

QUAI D'ORSAY

Land Kuba

Geschmack: Mild

Qualität: Erlesen ★ ★ ★

Kennzeichnen Diese Zigarren-Linie schuldet ihre Entwicklung dem verfeinerten Geschmack des französischen Markts. Ihren Namen hat sie, 1970 eingeführt, von jener berühmten Straße, die in Paris längs der Seine verläuft. Zu ihrer Einlage aus einer Mischung leichter Tabake kommt ein Deckblatt von hellbrauner Farbe, das von französischen Zigarrenrauchern sehr geschätzt wird. Diese Zigarren von großem Geschmacksreichtum gehören zu den feineren und milden Sorten.

Zigarre	Format	Länge in mm	Ringmaß
Corona Claro	Corona	127	42
Corona Claro Claro	Corona	143	42
Gran Corona	Corona	156	42
Imperiales	Churchill	178	47
Panatela	Slim Panatela	178	33

Panatela

RAMON ALLONES

Land Kuba

Geschmack Voller Körper mit starkem Aroma

Qualität Erlesen ★ ★ ★

Kennzeichen Ramon Allones kam 1937 aus Spanien und gründete die zweitälteste kubanische Marke. Er brachte mehrere innovative Ideen mit, darunter die, seine Kisten mit farbenfrohen Etiketten zu versehen. Die Geschichte der Zigarren wäre ohne diese bunten Kisten nicht dieselbe. Er erfand auch die 8-9-8-Methode zum Verpacken. Sie beruht auf der Idee, daß die Zigarren in der Kiste rund bleiben, wenn von den oberen Reihen kein Druck auf die unteren Reihen ausgeht. Ramon-Allones-Zigarren sind nicht für Anfänger geeignet, zählen aber zu den Favoriten von Kennern, die ihren vollen Geschmack genießen.

Toppers

Zigarre	Format	Länge in mm	Ringmaß
8-9-8	Lonsdale	152	43
Belicoso	Torpedo	143	52
Belvedere	Short Panatela	127	39
Bits of Havana	Zigarillo	105	29
Corona	Corona	127	42
Delgado	Panatela	162	39
Gigante	Churchill	194	49
Mille Fleur	Petit Corona	127	42
Palmita	Slim Panatela	152	32
Panatela	Short Panatela	127	35
Petit Corona	Petit Corona	127	42
Ramondos	Corona	127	40
Ramonitas	Zigarillo	102	26
Small Club Corona	Petit Corona	102	42
Specially Selected	Robusto	127	50
Toppers	Panatela	162	39

RAMON ALLONES

Land Dominikanische Republik

Geschmack Milder bis mittlerer Körper mit einem Hauch von Kaffeegeschmack

Qualität Erlesen ★ ★ ★

Kennzeichen Die dominikanischen Ramon Allones, die viel milder als die kubanischen sind, bestehen aus jamaikanischen, dominikanischen und mexikanischen Tabaken für die Einlage, aus einem mexikanischen Umblatt und einem Kamerun-Deckblatt. Die Crystals werden in Glashülsen, die Trumps ohne Bauchbinde in einer Zedernkiste verkauft.

Trump

Zigarre	Format	Länge in mm	Ring- maß
A	Churchill	178	45
B	Lonsdale	152	42
Brioso	Gran Corona	152	45
Crystal (Hülse)	Lonsdale	171	42
D	Petit Corona	127	42
Gustoso	Robusto	127	50
Maestro	Robusto	127	54
Naturale	Robusto	127	50
Ramonito	Demi Tasse	102	32
Redondo	Churchill	178	49
Trump	Lonsdale	152	43
Ultimo	Toro	152	49

ROMEO Y JULIETA

Land Kuba

Geschmack Mittlerer Körper, reichhaltig und komplex

Qualität Erlesen ★ ★ ★

Kennzeichen Ihre Leidenschaft füreinander war der Untergang von Romeo und Julia, aber Leidenschaft für Zigarren schuf den Erfolg von Romeo y Julieta, die Marke, die Rodriguez »Pepin« Fernandez berühmt machte. 1903 kaufte der Gründer eine kleine Firma, und innerhalb von zwei Jahren machte er die Marke Romeo y Julieta weltweit zu der meistverkauften Spitzen-Havanna. Er erhob die Marke in den Adelsstand, indem er für Monarchen, Staatsoberhäupter und wichtige Persönlichkeiten ganz persönliche Bauchbinden drucken ließ. Heute ist Romeo y Julieta eine der berühmtesten Marken Kubas. Es werden 46 Sorten sowohl von Hand als auch maschinell gefertigt. Aufgrund der großen Zahl ist nicht jede so gut wie die beste, aber die sehr guten sind außergewöhnlich.

Zigarre	Format	Länge in mm	Ringmaß
Belicoso	Belicoso	127	50
Belvederes	Short Panatela	127	39
Cazadores	Lonsdale	162	44
Cedros de Luxe No. 1	Lonsdale	152	42
Cedros de Luxe No. 2	Corona	127	42
Cedros de Luxe No. 3	Petit Corona	127	42
Celestiales Fino	Perfectos	137	46
Churchill	Churchill	178	47
Clarine	Petit Corona	117	40
Clemenceau	Churchill	178	47
Club King	Petit Corona	127	42
Corona	Corona	127	42
Corona Grande	Corona	127	42
Coronita	Petit Corona	127	40
Coronitas en Cedro	Petit Corona	127	40
Culebra	Culebra	127	39
Excepcionales	Petit Corona	127	42

Zigarre	Format	Länge in mm	Ring-maß
Exhibicion No. 3	Gran Corona	143	46
Exhibicion No. 4	Robusto	127	48
Exquisito	Petit Corona	127	40
Favorita	Short Panatela	127	39
Julieta	Petit Corona	102	40
Mille Fleur	Petit Coronas	124	42
Montague	Panatela	162	39
Nacionales	Corona	137	42
Palmas Reales	Slim Panatela	178	33
Panatela	Demi-Tasse	117	34
Perfecto	Perfecto	127	44
Petit Corona	Petit Corona	127	42
Petit Julieta	Demi-Tasse	102	30
Petit Princess	Petit Corona	102	40
Piramides No. 2	Pyramide	152	52
Plateados de Romeo	Petit Corona	127	42
Prince of Wales	Churchill	178	47
Regalias de la Habana	Short Panatela	127	39
Regalias de Londres	Petit Corona	117	40
Romeo No. 1	Corona	127	40
Romeo No. 1 de Luxe	Corona	143	42
Romeo No. 2	Petit Corona	127	42
Romeo No. 2 de Luxe	Petit Corona	127	42
Romeo No. 3	Petit Corona	117	40
Romeo No. 3 de Luxe	Petit Corona	102	40
Seleccion Piramides	Pyramide	156	52
Seleccion Robustos	Robusto	124	50
Shakespeare	Zigarillo	152	28
Sport Largos	Short Panatela	117	35
Tres Petit Corona	Petit Corona	102	40
Tubos No. 1	Corona	143	40
Tubos No. 2	Petit Corona	127	42
Tubos No. 3	Short Panatela	117	38

Prince of Wales

ROMEO Y JULIETA

Land Dominikanische Republik

Geschmack Mittlerer Körper und vollmundig

Qualität Erlesen ★ ★ ★

Kennzeichen Bei der dominikanischen Romeo y Julieta besteht die Einlage aus dominikanischen und kubanischen Saaten, das Umblatt aus einem breitblättrigen Connecticut und das Deckblatt aus Kamerun. Herausragend ist die Vintage-Serie, die ein Connecticut-Shade-Deckblatt hat und ein Umblatt aus gereiftem mexikanischen Tabak. Diese Kombination ergibt einen ungewöhnlich kultivierten Geschmack. Die Zigarren werden in spanische Zedernkisten verpackt, die mit einem französischen Credo-Befeuchter ausgestattet sind.

Romeo

Zigarre	Format	Länge in mm	Ringmaß
Belicoso	Toro	156	54
Brevas	Panatela	143	38
Cedros Deluxe No. 2	Corona	127	44
Celestiales	Long Panatela	203	36
Chiquita	Demi-Tasse	102	32
Churchill	Churchill	178	50
Corona	Corona	127	44
Delgado	Slim Panatela	178	32
Exhibition No. 1	Gigantes	203	52
Gigante	Churchill	178	48
Lancero	Panatela	152	38
Palma	Corona	152	43
Panatela	Short Panatela	127	35
Prado	Corona	127	42
Presidente	Lonsdale	178	43
Princessa	Short Panatela	127	39
Romeo	Pyramide	152	46
Sublime	Robusto	102	50

SAINT LUIS REY

Land Kuba

Geschmack Voller Körper mit feinem Aroma

Qualität Erlesen ★ ★ ★

Kennzeichen Diese Marke zählt mit zu den besten kubanischen Zigarren und bietet einen ausgezeichneten Gegenwert für ihren Preis. Durch begrenzte Produktion wird die hohe Qualität sichergestellt. Sie wurde vor 50 Jahren für den britischen Markt kreiert und wird in einer weißen Kiste mit Goldkanten und rotem Etikett präsentiert. Man sollte sie nicht mit der San-Luis-Rey-Marke verwechseln, die in Kuba für den deutschen Markt produziert und auch in Deutschland maschinell hergestellt wird! Sie hat ein grün-goldenes Etikett mit demselben Design. Eine honduranische Version dieser Zigarre kam 1996 auf den Markt, aber die Kubaner werden mehr geschätzt.

Zigarre	Format	Länge in mm	Ringmaß
Churchill	Churchill	178	47
Coronas	Corona	141	42
Double Corona	Double Corona	194	49
Lonsdale	Lonsdale	165	42
Petit Corona	Petit Corona	129	42
Regios	Robusto	127	48
Serie A	Corona Extra	143	46

Serie A

SANCHO PANZA

Land Kuba

Geschmack Mildes bis volles Aroma

Qualität Erlesen ★ ★ ★

Kennzeichen Sancho Panza ist eine alte kubanische Marke, deren milder, aber komplexer Geschmack für den Anfänger fast zuviel ist, aber dem erfahrenen Raucher nicht genug bietet. Es sind interessante Zigarren, die ihren Platz im Repertoire beider verdienen. Die Marke ist am besten für das Rauchvergnügen des regelmäßigen Rauchers am Tag geeignet. Einsteigern bietet sie eine große Auswahl zum Experimentieren. Diese Zigarren sind besonders in Spanien weit verbreitet.

Dorados

Zigarre	Format	Länge in mm	Ring- maß
Bachilleres	Petit Corona	117	40
Belicosos	Belicoso	127	52
Corona	Corona	127	42
Coronas Gigante	Churchill	178	47
Dorados	Lonsdale	152	42
Molinos	Lonsdale	152	42
Non Plus	Petit Corona	127	42
Sanchos	Gigante	227	47

SANCHO PANZA

Land Honduras

Geschmack Mittlerer Körper und lieblicher Geschmack

Qualität Erlesen ★ ★ ★

Kennzeichnen Diese honduranische Version trägt mit ihren kubanischen Cousins stolz eine Abstammung zur Schau, die bis in das Jahr 1852 zurückreicht. Sie ist von Estelo Padron, dem verehrten honduranischen Zigarrenmeister, geschaffen worden – und ihr fehlt qualitativ ganz und gar nichts. Für die Einlage werden honduranische, nicaraguanische und dominikanische Tabake gemischt und mit einem breitblättrigen Connecticut-Blatt umwickelt. Das Deckblatt ist ein Connecticut-Shade. Trotz all dieser Sorgfalt, der handwerklichen Meisterschaft und Aufmerksamkeit, die allen Details gewidmet wird, sind diese quadratischen Zigarren mit ganz außergewöhnlichem Aroma erstaunlich erschwinglich. Eine Neuschöpfung für die Sancho-Panza-Linie ist die Extra Fuerte, eine ausgeprägte Zigarre für den erfahrenen Raucher.

Zigarre	Format	Länge in mm	Ringmaß
Caballero	Gran Corona	152	45
Dulcinea	Toro	156	54
Glorioso	Toro	156	50
Matador	Zigarillo	98	23
Primoroso	Churchill	152	47
Valiente	Robusto	127	50
Double Maduro			
Cervantes	Toro	152	48
Corin	Figurado	156	54
Escudero	Double Corona	178	54
La Mancha	Corona Extra	127	44
Quixote	Robusto	102	50
Extra Fuerte			
Barcelona	Toro	152	48
Cordoba	Corona	127	44
Madrid	Torpedo	152	54
Pamplona	Robusto	102	50

SANTA DAMIANA

Land Dominikanische Republik

Geschmack Milder bis mittlerer Körper

Qualität Erlesen ★ ★ ★

Kennzeichen Santa Damiana ist die Wiederbelebung einer alten kubanischen Marke. Die Zigarren werden erst seit 1992 in einer modernen Fabrik in der Dominikanischen Republik produziert. Bei der Mischung hat man an den anspruchsvollen Raucher von heute gedacht. Die Einlage besteht aus mexikanischen und dominikanischen Tabaken, das Umblatt stammt aus Mexiko, und für das Deckblatt wird ein besonders feiner Connecticut Shade genommen. Für den US-amerikanischen und europäischen Markt gibt es jeweils unterschiedliche Mischungen und Namen.

Seleccion No. 800

Zigarre	Format	Länge in mm	Ring- maß
Seleccion No. 100	Churchill	171	48
Seleccion No. 300	Corona Extra	140	46
Seleccion No. 500	Robusto	127	50
Seleccion No. 700	Lonsdale	165	42
Seleccion No. 800	Double Corona	178	50
Torpedo	Torpedo	152	50

TRINIDAD

Land Kuba

Geschmack Mittlerer bis voller Körper

Qualität Erlesen ★ ★ ★

Kennzeichen Diese Marke, die dem breiten Publikum erstmals 1998 zugänglich gemacht wurde, war ursprünglich im Auftrag von Fidel Castro entwickelt worden, um von der kubanischen Regierung an andere Regierungsmitglieder verschenkt zu werden. Hergestellt in der Fabrik El Laguito verwendet man nur die besten Tabake. Entsprechend ihrem großen Ruf sind es prächtige Zigarren mit reichem und vollem Geschmack und einem wunderbaren Deckblatt.

Fundadores

Zigarre	Format	Länge in mm	Ringmaß
Colonial	Corona	127	44
Fundadores	Long Corona	194	49
Reyes	Petit Corona	111	40
Robusto Extra	Toro	156	50
Trinidad	Long Panatela	178	38

VEGAS ROBAINA

Land Kuba

Geschmack Mittlerer bis starker Körper, geschmacksreich

Qualität: Erlesen ★ ★ ★

Kennzeichen Zu den neueren Marken aus Kuba gehört die Vegas Robaina. Da die Familie Robaina schon länger als 150 Jahre Tabak anbaut, kann man sicher sein, daß sie sich auf das Geschäft versteht. Diese Zigarren werden aus den besten kubanischen Tabaken hergestellt. Sie zeichnen sich durch ein hervorragendes Aroma, eine phantastische Präsentation und leichten Brand auf.

Zigarre	Format	Länge in mm	Ring-maß
Clasico	Toro	165	42
Don Alejandro	Churchill	194	49
Familiar	Petit Corona	137	42
Famosos	Toro	127	48
Unicos	Pyramide	156	52

Unicos

VEGUEROS

Land Kuba

Geschmack Milder Körper, vollwürziger Geschmack

Qualität Ausgezeichnet ★ ★

Kennzeichnung Traditionellerweise stellen die Bauern (*vegueros*) in Kubas Tabakregionen ihre Zigarren selbst her. Eine Marke unter dem Namen Vegueros wurde 1996 als Ehrung für die zahllosen Tabakbauern in Pinar del Rio auf den Zigarrenmarkt gebracht. Damit bieten Geschichte und ein guter Geschmack den anspruchvollsten und erfahrensten Rauchern ein neues Juwel.

Especiales No. 1

Zigarre	Format	Länge in mm	Ring-maß
Especiales No. 1	Long Panatela	178	38
Especiales No. 2	Panatela	152	38
Marevas	Petit Corona	127	42
Seoane	Petit Corona	124	42

ZINO

Land Honduras

Geschmack **Standard-Serie:** Mittelstark
Mouton-Cadet-Serie: Mild
Connoisseur-Serie: Voller Körper
Crown-Serie: Voller Körper. reichhaltig
Scepter-Serie: Mittelstark

Qualität Erlesen ★ ★ ★

Kennzeichen Die Marke Zino wurde von Zino Davidoff Ende der siebziger Jahre gegründet. Aufgrund des Namens »Zino« wird niemand die Qualität dieser Zigarren ernsthaft in Frage stellen. Es gibt fünf Serien: Standard, Mouton-Cadet, bei der an die Baronin Phillipine de Rothschild gedacht wurde, Connoisseur, die zur Eröffnung eines Davidoff-Ladens in New York kreiert wurde, sowie die Serien Crown und Scepter. Für Einlage und Umblatt werden bei allen fünf Serien honduranische Tabake genommen, und das Umblatt besteht aus feinstem Connecticut Shade.

Zigarre	Format	Länge in mm	Ringmaß
Diamond	Corona	127	40
Double Corona	Double Corona	178	50
Elegance	Slim Panatela	171	34
Junior	Slim Panatela	152	30
Princesse	Zigarillo	108	20
Torpedo	Torpedo	127	52
Tradition	Corona	159	44
Tubos No. 1	Slim Panatela	152	34
Veritas	Churchill	178	50
Connoisseur-Serie			
100	Double Corona	178	52
200	Toro	152	48
300	Robusto	127	48
400	Robusto	127	50

Zigarre	Format	Länge in mm	Ring- maß
Crown-Serie			
Barrel	Toro	152	60
Chubby Especial	Perfecto	149	61
Double Grande	Churchill	178	50
Stretch	Giant	203	50
Mouton-Cadet-Serie			
No. 1	Lonsdale	152	44
No. 2	Panatela	152	35
No. 3	Panatela	127	36
No. 4	Slim Panatela	130	30
No. 5	Petit Corona	127	42
No. 6	Robusto	127	50
No. 7	Small Panatela	117	34
No. 8	Churchill	175	48
Scepter-Serie			
Bullet	Perfecto	102	48
Chubby	Perfecto	125	54
Grand Master	Toro	127	52
Low Rider	Corona	152	43
Shorty	Petit Corona	102	43
Stout	Torpedo	178	52

Mouton-Cadet No. 1

Diamond

LIMITIERTE SONDEREDITIONEN:
Eine Musterkollektion

Hier ist eine Auswahl von Sondereditionen. Das sind Zigarren, die in kleinen Mengen und/oder mit beschränktem Vertrieb hergestellt werden. Es mag schwierig sein, diese Zigarren aufzuspüren, und dann kosten sie vielleicht noch ein kleines Vermögen, aber sie sind es in jedem Fall wert. (Wenn es von einer Sonderedition heißt, sie sei ausverkauft, versuchen Sie eine andere Sonderedition, die derselbe Hersteller vielleicht anbietet.)

ANOS CENTENARIO LTD. EDITION

Land Puerto Rico

Kennzeichen Sie zählen zu den 50 besten Zigarren der Welt und sind von mittlerem bis vollem Körper, reichhaltig, mit einer reifen Mischung vielfältiger Aromen einschließlich Karamell, Kakao und Leder.

Editionsgröße Sehr begrenzt

Zigarre	Format	Länge in mm	Ringmaß
Belicoso	Belicoso	152	52
Churchill	Churchill	178	50
Corona	Corona	127	43
Robusto	Robusto	127	50

COHIBA SUBLIMES LIMITED EDITION

Land Kuba

Kennzeichen Die größte Havanna, die derzeit hergestellt wird, deren sorgfältig von der Pflanzenspitze gewonnene Blätter noch zwei Jahre reifen. Ein Geschmack mit vollem Körper und Anklängen an Kakao und Kaffee.

Editionsgröße Unbekannt

Zigarre	Format	Länge in mm	Ring-maß
Sublime	Sublime	165	54

Sublime

DAVIDOFF LIMITED EDITION

Land Dominikanische Republik

Kennzeichen Die Zigarren aus Sondereditionen von Davidoff sind bekannt für ihre harmonische Mischung von erstklassigen Tabaken mit feinen aromatischen Nuancen und ihren einzigartigen Stil und Geschmack.

Editionsgröße Unbekannt

Zigarre	Format	Länge in mm	Ring-maß
Limited Edition 2003	Panatela	152	40
Limited Edition 2004	Robusto	140	48

DON ALBERTO

Land Dominikanische Republik

Kennzeichen Sie ist von mittlerem Körper. Einlage und Umblatt sind in der Dominikanischen Republik gewachsen, gereift und handgerollt. Ein schlichtes Deckblatt, das nach erdiger Würze schmeckt.

Editionsgröße Unbekannt

Zigarre	Format	Länge in mm	Ringmaß
Robusto	Churchill	178	47

Robusto

DON KIKI BROWN LABEL LIMITED RESERVE

Land Kuba

Kennzeichen Diese Zigarren mit mittlerem bis vollem Körper, hergestellt aus sehr alten Sun-Grown-Tabakblättern, haben einen sehr ausgewogenen und vielfältigen Geschmack mit Anklängen an Lakritz, Gewürze, Nüsse und Kakao.

Editionsgröße Unbekannt

Zigarre	Format	Länge in mm	Ringmaß
Churchill	Churchill	178	52
Toro	Toro	152	52
Torpedo	Torpedo	152	54

FLOR DE T. PARTAGAS

Land Kuba

Kennzeichen Der strenge und intensive Geschmack ist teilweise auf das zweijährige Deckblatt zurückzuführen. Mit Anklängen von Schokolade und Schwarzkirsche.

Editionsgröße Unbekannt

Zigarre	Format	Länge in mm	Ringmaß
Piramide	Pyramide	156	52
Serie D No. 1	Super Robusto	156	50

Piramide

FONSECA LIMITED RESERVE

Land Kuba

Kennzeichen Anders als die typische Fonseca, die meist sehr mild ist, hat diese Zigarre einen würzigen und etwas strengen Geschmack. Sie vereint ein dunkles Havanna-Criollo-Deckblatt aus Honduras mit einer Einlage aus nicaraguanischem Ligero-Tabak (voller Körper) und einem dominikanischen Tabak aus einem besonderen Jahr.

Editionsgröße 1 000 Kisten

Zigarre	Format	Länge in mm	Ringmaß
Torpedo Natural	Torpedo	178	52

GURKHA K. HANSOTIA LIMITED EDITION

Land Honduras

Kennzeichen Eine zurückhaltende Mischung mit einer feinen Zedernholzummantelung, die einen reichhaltigen Geschmack mit mittlerem Körper liefert.

Editionsgröße Unbekannt

Zigarre	Format	Länge in mm	Ring-maß
Limited Edition Toro	Toro	152	50
Limited Edition Churchill	Churchill	178	50

HOYO DE MONTERREY

Land Kuba

Kennzeichen Milde Zigarren von mittlerem Körper mit süßem und kraftvollem Geschmack.

Editionsgröße Sehr selten

Zigarre	Format	Länge in mm	Ring-maß
Epicure Especial LE 2004	Super Robusto	140	50
Particulares LE 2001	Grand Corona	241	47
Piramide Special Edition	Pyramide	152	52

Epicure Especial LE 2004

INDIAN TABAC LTD. RESERVE

Land Kuba

Kennzeichen Diese Zigarre bietet einen cremigen und weichen Geschmack von mittlerem Körper. Sie kombiniert Tabake aus Nicaragua und Honduras mit einem mexikanischen Umblatt und einem öligen Deckblatt aus Ecuador.

Editionsgröße Unbekannt

Zigarre	Format	Länge in mm	Ringmaß
Bear	Robusto	127	50
Bison	Torpedo	152	54
Buffalo	Churchill	178	47

MONTECRISTO

Land Kuba

Kennzeichen Streng, erdig und mit herrlich vollem Körper sowie starken Anklängen von Schokolade und einem Hauch von dunklen Gewürzen und Nüssen

Editionsgröße Unbekannt

Zigarre	Format	Länge in mm	Ringmaß
Corona Gorda Edicion 2003	Corona Gorda	127	46
Double Corona LE	Prominente	191	49
Robustos Millennium	Robusto	127	50
Special Edition Robusto	Robusto	102	52

Special Edition Robusto

PARTAGAS LIMITADA

Land Kuba

Kennzeichen Voller Körper, würzig, stark

Editionsgröße Unbekannt

Zigarre	Format	Länge in mm	Ring- maß
Piramide Edicion 2003	Pyramide	156	52
Serie D No. 1	»Partagas 16«	162	50
Serie D No. 2	Toro	152	50
Serie D No. 3	Corona Gorda	127	40

Serie D No. 2

PARTAGAS LIMITED RESERVE

Land Dominikanische Republik

Kennzeichen Eine hochgeschätzte Zigarre von Partagas, die eine Einlage aus dominikanischen Tabaken, ein Umblatt aus Mexiko und ein hervorragendes Deckblatt aus Kamerun enthält. Mild bis mittlerer Körper, Anklänge an Holz.

Editionsgröße Stark limitiert

Zigarre	Format	Länge in mm	Ring- maß
Epicure	Petit Corona	127	38
Regale	Grand Corona	152	47
Robusto	Robusto	146	49
Royale	Lonsdale	171	43

ROMEO Y JULIETA

Land Kuba

Kennzeichen Aromatisch und ausgewogen. Mittelstrenger und vielfältiger Geschmack mit Anklängen von Schokolade und Kräutern.

Editionsgröße Unbekannt

Zigarre	Format	Länge in mm	Ringmaß
Hermosos LE	Robusto	127	48
Exhibicion No. 2	Double Corona	194	49
Robustos	Robusto	127	50

SAVINELLI EXTREMELY LIMITED RESERVE

Land Dominikanische Republik

Kennzeichen Milder Geschmack aus kubanischen Tabaken und ein helles Connecticut-Deckblatt. Hervortretende Noten von Vanille und Kaffee.

Editionsgröße Unbekannt

Zigarre	Format	Länge in mm	Ringmaß
Apertif	Small Panatela	102	30
No. 1	Churchill	178	48
No. 2	Corona Extra	168	46
No. 3	Lonsdale	152	43
No. 4	Double Corona	152	50
No. 5	Extraordinaire	127	44
No. 6	Robusto	127	49
No. 7	Belicoso	152	49

MASSENPRODUKTE:
Eine Auflistung

Die Bezeichnung »Massenprodukt« bezieht sich sowohl auf das maschinelle Herstellungsverfahren als auch auf die Vermarktung in großen Massen. Die 500 bis 800 Zigarren, die von einer Maschine in einer Minute gefertigt werden, verdienen sicherlich die Beschreibung »Masse«, genau wie die Millionen, die verkauft werden. Die meisten Firmen verwenden kurzblättrigen Tabak für die Einlage sowie homogenisierten Tabak für das Umblatt und manchmal auch für das Deckblatt. Die größte Stärke dieser Zigarren ist ihre gleichbleibende Qualität.

Liste von Marken für den Massenmarkt

Agio	Cyrilla	Guantanamera
Al Capone	Dannemann	Harvill
Alternativos	Davidoff Cigarillos	Hat's Off
Antonio y Cleopatra	De Nobili	Hauptmann's
Wise Guys	De Olifant	Havana Blend
Arango Sportsman	Decision Maduro	Hav-A-Tampa
Ashton Small Cigars	Dexter Londres	Henri Wintermans
As You Like It	Dixie Maid	Home Made
Avanti	Ducados	House of Windsor
Backwoods	Dunhill Small Cigars	H. Upmann
Bances		Ibold
Belinda	Dutch Delites	Jamaica Smalls
Ben Bey	Dutch Masters	John Hay
Between The Acts	Dutch Treats	J. R. Famous
Black & Mild	1886	Keep Moving
Black Hawk	El Macco	King Edward
Blackstone	El Producto	La Corona
Bolivar	El Trelles	La Flor de Cano
Cabanas	El Verso	La Intimidad
Candlelight	Erik	Lord Beaconsfield
Captain Black Little Cigars	Evermore	Macoba
	Farnam Drive	Mark IV
Caribbean Line	Floras	Marsh
Caribbean Rounds	Florida Queen	Miami Suite
Casino Club	G.A. Andron	Miflin's Choice
Charles Denby	Garcia y Vega	Moya
Cherry Blend	Gargoyle	Muniemaker
Chevere Small Cigars	Gispert	Muriel
Clubmaster	Gladstone	Nat Cicco's
Cuban Club Classics	Gold & Mild	National Cigar

Neos	Rigoletto	Tiparillo
Nobel Cigars	Robert Burns	Topper
Omega	Roi-Tan	Topstone
Oprimo	Rosedale	Torino
Palma	Royal Blunts	Toscano
Pancho Garcia	San Felice	Trabuco's
Panter	Santa Fe	Travis Club
Parodi	Schimmelpenninck	Travis Club Premium
Partagas	S. F. S.	Troya
Pedro Iglesias	Smokin Joes	Vega Fina
Petri	Statos de Luxe	Villa De Cuba
Phillies	Summerdale	Villazon Deluxe
Pipers	Super Value Little Cigars	Villazon Deluxe Aromatic
Pom Pom		Villiger
Por Larranaga	Supre Sweets	White Cat
Prime Time	Sweet Nut	White Owl
Prince Albert	Swisher Sweets	William Penn
Punch	Swiss Delites	Winchester Little Cigars
Quintero	Tampa Nugget	Wm. Ascot
Ramon Allones	Tampa Sweet	Wolf Bros.
Red Dot	Texas Sweets	Zino
R. G. Dunn	Tijuana Smalls	

ANTONIO Y CLEOPATRA
Land Puerto Rico

Zigarre	Format	Länge in mm	Ring-maß
Grenadier	Slim Panatela	159	33 $1/2$
Grenadier Churchill	Toro	127	50
Grenadier Cigarillo Light	Small Panatela	117	31
Grenadier Corona	Corona	143	42
Grenadier Minis	Zigarillo	102	28
Grenadier Panatela	Panatela	137	35
Grenadier Whiff	Zigarillo	92	23 $2/3$
Grenadier Tubos	Corona	143	42

ANTONIO Y CLEOPATRA WISE GUYS
Land Dominikanische Republik

Zigarre	Format	Länge in mm	Ringmaß
Wise Guys	Zigarillo	92	23 $\frac{2}{3}$

ARANGO SPORTSMAN
Land Dominikanische Republik

Zigarre	Format	Länge in mm	Ringmaß
Little Cigars	Zigarillo	102	20
No. 100	Slim Panatela	133	34
No. 200	Lonsdale	159	42
No. 300	Churchill	178	46
No. 350	Robusto	146	48
No. 400	Churchill	178	48
Tens	Zigarillo	102	28
Tubes	Lonsdale	152	42

ASHTON SMALL CIGARS
Land Belgien

Zigarre	Format	Länge in mm	Ringmaß
Cigarillo	Zigarillo	76	26
Mini Cigarillo	Zigarillo	76	20
Senoritas	Small Panatela	76	30

BANCES
Land Dominikanische Republik

Zigarre	Format	Länge in mm	Ringmaß
Crowns	Robusto	127	50
Demitasse	Short Panatela	102	35
El Prado	Panatela	152	36
Palmas	Long Corona	152	42
Uniques	Panatela	127	38

BELINDA

Land Kuba

Zigarre	Format	Länge in mm	Ringmaß
Belvederes	Belvedere	127	39
Corona	Corona	127	40
Demitasse	Demi-Tasse	102	32
Panatelas	Panatela	117	35
Petit Coronas	Petit Corona	130	42
Princess	Epicure	111	35

BOLIVAR

Land Kuba

Zigarre	Format	Länge in mm	Ringmaß
Belvederes	Belvedere	127	39
Chicos	Chico	105	29

CABANAS

Land Kuba

Zigarre	Format	Länge in mm	Ringmaß
Belvederes	Belvedere	127	39
Chiquitos	Infantes	98	37
Coronitas	Chico	105	29
Perfectos	Perfecto	127	44
Preciosas	Demi-Tasse	102	32
Superfinos	Coronitas	117	40

CYRILLA

Land Dominikanische Republik

Zigarre	Format	Länge in mm	Ringmaß
Kings	Churchill	178	46
Nationals	Long Corona	152	42
Senators	Churchill	178	48
Slims	Panatela	152	36

DANNEMANN

Land Deutschland und Schweiz

Zigarre	Format	Länge in mm	Ring-maß
Espada – Brazil	Corona Extra	127	45
Espada – Sumatra	Corona Extra	127	45
Imperiale – Brazil	Zigarillo	102	25
Imperiale – Sumatra	Zigarillo	102	25
Lights – Brazil	Slim Panatela	152	34
Lights – Sumatra	Slim Panatela	152	34
Lonja – Brazil	Zigarillo	137	25
Lonja – Sumatra	Zigarillo	137	25
Menor – Sumatra	Zigarillo	98	28
Moods	Zigarillo	73	20
Originale – Brazil	Zigarillo	73	20
Originale – Sumatra	Zigarillo	73	20
Pierrot – Brazil	Zigarillo	98	28
Slims – Brazil	Zigarillo	152	28
Slims – Sumatra	Zigarillo	152	28
Speciale – Brazil	Zigarillo	73	25
Speciale – Lights	Zigarillo	73	25
Speciale – Sumatra	Zigarillo	73	25
Sweets	Zigarillo	92	20

DAVIDOFF CIGARILLOS

Land Dänemark und Niederlande

Zigarre	Format	Länge in mm	Ring-maß
Demitasse	Zigarillo	102	22
Long Panatelas	Zigarillo	127	22
Mini Cigarillos	Zigarillo	76	20
Mini Light	Zigarillo	76	20

DUCADOS

Land Spanien

Zigarre	Format	Länge in mm	Ring-maß
Mini Aromaticos	Zigarillo	76	26
Suave	Zigarillo	76	26

DUNHILL SMALL CIGARS
Land Niederlande

Zigarre	Format	Länge in mm	Ringmaß
Double Corona	Lonsdale	152	43
Grand Corona	Petit Corona	130	41
Miniatures	Zigarillo	76	20
Panatellas	Small Panatela	102	31

EL PRODUCTO
Land Puerto Rico

Zigarre	Format	Länge in mm	Ringmaß
Blunt	Corona	143	40 1/2
Bouquet	Petit Corona	102	44
Escepcionales	Robusto	130	52
Favoritas	Robusto	127	48 1/2
Little Corona	Small Panatela	117	31
Puritano Finos	Corona Extra	124	46
Queen (Hülse)	Corona	143	42

GARCIA Y VEGA
Land Dominikanische Republik

Zigarre	Format	Länge in mm	Ringmaß
Baron	Petit Corona	121	41
Bravuras	Slim Panatela	137	34
Chico	Zigarillo	108	27
Crystal No. 100 (Hülse)	Slim Panatela	162	34
Crystal No. 200 (Hülse)	Long Corona	156	41
Delgado Panatela	Short Panatela	137	34
Elegantes	Panatela	162	34
English Corona (Hülse)	Corona	127	41
Gallantes	Panatela	171	34
Gran Coronas (Hülse)	Long Corona	156	41
Gran Premios (Hülse)	Long Corona	156	41
Maduro	Long Corona	156	41
Miniatures	Zigarillo	117	29
Panatela Deluxe	Slim Panatela	137	34
Presidente	Corona	127	41
Senator	Petit Corona	114	41

GUANTANAMERA

Land Kuba

Zigarre	Format	Länge in mm	Ring-maß
Decimos	Universale	133	38
Puritos	Chico	105	29

HARVILL

Land Jamaika

Zigarre	Format	Länge in mm	Ring-maß
Passion Fruit	Zigarillo	127	28
Rum	Zigarillo	127	28
Vanilla	Zigarillo	127	28

HAT'S OFF

Land Indien

Zigarre	Format	Länge in mm	Ring-maß
Hat's Off	Zigarillo	98	20

HAUPTMANN'S

Land USA

Zigarre	Format	Länge in mm	Ring-maß
Broadleaf	Corona	133	43
Corona	Corona	127	43
Panatela	Panatela	146	38
Perfecto Light	Corona Extra	130	45

HENRI WINTERMANS

Land Niederlande

Zigarre	Format	Länge in mm	Ring-maß
Café Crème	Zigarillo	73	28
Café Crème Mild	Zigarillo	73	28
Café Crème Oriental Aroma	Zigarillo	73	28

H. UPMANN

Land Kuba

Zigarre	Format	Länge in mm	Ringmaß
Aramaticos	Petit Corona	130	42
Belvederes	Belvedere	127	39
Petit Upmann	Petit	117	31
Singulares	Coronitas	127	40

J. R. FAMOUS

Land Dominikanische Republik

Zigarre	Format	Länge in mm	Ringmaß
Churchill	Toro	127	50
Delicados	Panatela	152	39
Plazas	Long Corona	152	42
Presidents	Lonsdale	181	44

LA FLOR DE CANO

Land Kuba

Zigarre	Format	Länge in mm	Ringmaß
Predilectos Tubulares (Hülse)	Standard	124	40
Preferidos	Vegueritos	127	36

LORD BEACONSFIELD

Land Dominikanische Republik

Zigarre	Format	Länge in mm	Ringmaß
Kubanola	Corona	140	44
Coronas Superba	Long Corona	152	42
Directors	Churchill	178	46
Lindas	Panatela	152	36
Lords	Slim Panatela	178	34
Round	Churchill	178	46

NAT CICCO'S
Land Dominikanische Republik und USA

Zigarre	Format	Länge in mm	Ring-maß
Almond Liquer	Panatela	152	39
Café Kubano	Panatela	152	39
Churchill Rejects	Giant Corona	203	46
Jamaican Delights	Small Panatela	127	34
Jamaican Palmas	Lonsdale	152	43
Jamaican Regales	Slim Panatela	181	34
Jamaican Rounds	Churchill	178	46
Plaza	Long Corona	152	42
Plaza Aromatic	Long Corona	152	42
Robusto Rejects	Robusto	127	49

NOBEL CIGARS
Land Dänemark

Zigarre	Format	Länge in mm	Ring-maß
Petit Brasil	Zigarillo	76	20
Petit Dominican	Zigarillo	76	20
Petit Lights	Zigarillo	76	20
Petit Sumatra	Zigarillo	76	20

PARTAGAS
Land Kuba

Zigarre	Format	Länge in mm	Ring-maß
Chicos	Chico	105	29
Culebras	Culebras	127	39

PIPERS
Land Deutschland

Zigarre	Format	Länge in mm	Ring-maß
Piper's Corona	Small Panatela	121	33
Piper's Mini	Zigarillo	76	20
Piper's Panatela	Zigarillo	102	25

POR LARRANAGA
Land Kuba

Zigarre	Format	Länge in mm	Ringmaß
Juanitos	Chicos	105	29
Lolas en Cedro	Petit Coronas	130	42

PUNCH
Land Kuba

Zigarre	Format	Länge in mm	Ringmaß
Belvederes	Belvedere	127	39
Cigarillos	Chico	105	29

QUINTERO
Land Kuba

Zigarre	Format	Länge in mm	Ringmaß
Puritos	Chico	102	29

ROBERT BURNS
Land Dominikanische Republik und USA

Zigarre	Format	Länge in mm	Ringmaß
Black Watch (Hülse)	Corona	143	41
Cigarillo	Zigarillo	102	27

SCHIMMELPENNINCK

Land Niederlande

Zigarre	Format	Länge in mm	Ring-maß
Calendula (Hülse)	Petit Corona	111	41
Duet	Zigarillo	143	25
Duet Brazil	Zigarillo	143	25
Duet Midi	Zigarillo	102	25
Havana Lights	Zigarillo	76	25
Havana Milds	Zigarillo	76	25
Media	Zigarillo	76	26
Media Brazil	Zigarillo	76	26
Mini Cigar	Zigarillo	51	26
Mono	Zigarillo	86	27
Senorita	Small Panatela	102	35
Swing	Zigarillo	73	24

S. F. S.

Land USA

Zigarre	Format	Länge in mm	Ring-maß
Almond Liquer	Panatela	152	35
Café Kubano	Panatela	152	35
Churchill Rejects	Giant Corona	203	43
Cigarillo Rejects	Small Panatela	102	32
Robusto Rejects	Petit Corona	127	43

STATOS DE LUXE

Land Kuba

Zigarre	Format	Länge in mm	Ring-maß
Brevas	Nacionales	127	40
Cremas	Nacionales	127	40
Delirios	Standard	124	40

SWISS DELITES
Land Schweiz

Zigarre	Format	Länge in mm	Ring- maß
Light Java	Zigarillo	117	20
Maduro	Zigarillo	117	20

TOPSTONE
Land Dominikanische Republik

Zigarre	Format	Länge in mm	Ring- maß
Bouquet	Corona Extra	127	46
Directors	Churchill	178	46
Extra Oscuro	Corona Extra	127	46
Oscuro	Corona Extra	127	46

TOSCANO
Land Italien

Zigarre	Format	Länge in mm	Ring- maß
Ammezzati Garibaldi	Cheroot	76	34
Antico Toscano	Cheroot	152	34
Toscani	Cheroot	152	34
Toscanelli	Cheroot	76	38
Toscano Antica Reserva	Cheroot	152	36
Toscano Extra Vecchi	Cheroot	152	34
Toscano Garibaldi	Cheroot	152	34
Toscano Originale	Cheroot	152	36

TRABUCOS
Land Kanarische Inseln

Zigarre	Format	Länge in mm	Ring- maß
Cigarillo	Zigarillo	76	23
Mini Torpedo	Torpedo	105	33

TRAVIS CLUB
Land USA

Zigarre	Format	Länge in mm	Ring-maß
Corona	Corona	143	43
Counsellor	Perfecto	127	50
Double Corona	Churchill	178	47
Especiales	Perfecto	130	55
Magnum	Toro	152	50
Panatella	Panatela	127	38
Plaza	Long Corona	152	43
Regalia	Perfecto	102	47
Rothschild	Robusto	124	50
Senator	Perfecto	130	52
Sport Triangles	Petit Corona	102	44
Straight	Corona	143	43

TRAVIS CLUB PREMIUM
Land USA

Zigarre	Format	Länge in mm	Ring-maß
Churchill	Double Corona	178	50
Corona Extra	Grand Corona	152	46
Palma	Long Corona	152	43
Perfecto	Perfecto	127	52
Robusto	Robusto	152	50
Toro	Toro	152	50

TROYA
Land Kuba

Zigarre	Format	Länge in mm	Ring-maß
Coronas Club (Hülse)	Standard	124	40
Universales	Universale	127	38

VEGA FINA
Land Spanien

Zigarre	Format	Länge in mm	Ringmaß
Elegante	Slim Panatela	156	32
Miniature	Zigarillo	117	27
Panatela	Short Panatela	137	36
Special Corona	Corona	127	40

VILLA DE CUBA
Land Dominikanische Republik

Zigarre	Format	Länge in mm	Ringmaß
Brevas	Corona	127	44
Corona Grande	Giant Corona	178	45
Majestics	Long Corona	162	43

VILLAZON DELUXE
Land Dominikanische Republik

Zigarre	Format	Länge in mm	Ringmaß
Cetros	Lonsdale	181	44
Chairman	Giant Corona	178	43
Senators	Lonsdale	152	44

VILLAZON DELUXE AROMATICS
Land Dominikanische Republik

Zigarre	Format	Länge in mm	Ringmaß
Commodores	Long Corona	152	42
Panatella	Slim Panatela	127	34

WM. ASCOT

Land Dominikanische Republik

Zigarre	Format	Länge in mm	Ring-maß
Churchill	Churchill	178	48
Palma	Lonsdale	152	42
Robusto	Robusto	127	48
Slim Panatela	Panatela	127	34

WOLF BROS.

Land USA

Zigarre	Format	Länge in mm	Ring-maß
Crookettes	Small Panatela	102	32
Nippers	Zigarillo	76	20
Rum Crooks	Perfecto	137	42
Rum Crookettes	Small Panatela	102	32
Rum River Crookettes	Small Panatela	102	32
Rum River Crooks	Perfecto	137	42
Sweet Vanilla Crookettes	Small Panatela	102	32
Sweet Vanilla Crooks	Corona	137	42

ZINO

Land Niederlande und Schweiz

Zigarre	Format	Länge in mm	Ring-maß
Cigarillos Brasil	Zigarillo	76	20
Cigarillos Sumatra	Zigarillo	76	20
Classic Brasil	Petit Corona	102	41
Classic Sumatra	Petit Corona	102	41
Grand Classic Brasil	Corona Extra	127	46
Grand Classic Sumatra	Corona Extra	127	46
Panatellas Brasil	Zigarillo	127	22
Panatellas Sumatra	Zigarillo	127	22
Red Mini	Zigarillo	76	20
Relax Brasil	Slim Panatela	127	30
Relax Sumatra	Slim Panatela	127	30

DER KAUF:
Zigarrenhändler weltweit

ANTIGUA
St. Johns
La Casa Del Habano

AUSTRALIEN
Brisbane
Cigar Czars

Hawthorn
Baranows Cigar Lounge

Melbourne
Benjamin's Fine Tobacco
Swedish Match

Mermaid Waters
Cigarworld Australia

Perth
Devlin's Cigar Divan

Queensland
Free Choice Stores

Sydney
Bogart's House of Fine Cigars

Toorak
Alexander's Cigar Merchants

BAHAMAS
Nassau
BWA, LTD
Graycliff Hotel Restaurant
Havana Humidor
Pink Flamingo
Stogies

BERMUDA
Hamilton
Chatham House
Cuarenta Bucaneros Limited
Hayaki Distributing
Pitt & Company Ltd.

BRASILIEN
Parana
Milenia Agrociencias

São Paulo
Davidoff
Lenat Com. Imp. Ltd.
Tabacaria Caruso
Tamandua Cigar Bar

BULGARIEN
Sofia
Swiss Red EOOD

CAYMAN-INSELN
Georgetown
Churchill Cigars

Grand Cayman
Havana Club Cigars

CHILE
Santiago
La Civette la Conceptions
Neuwirth y Henriquez Limtada
Oscar's Fine Cigars

CURAÇAO
Cigar Emporium

DÄNEMARK
Kopenhagen
Davidoff Shop
W. O. Larsen

DEUTSCHLAND
Bad Vilbel
Klosk Riegelhuth

Berlin
Bossner

Hannover
Zigarren- und Pfeifenhaus

Köln
Peter Heinrichs

Lauenburg
Dan Pipe Frickert & Behrens KG

Stuttgart
Alte Tabakstube am Schil

DOMINIKANISCHE REP.

Puerto Plata
La Casa del Puro

Santo Domingo
Cigarro Cafe

ECUADOR

Guayaquil
Arkem S.A.

ESTLAND

Tallinn
Sigari Maja OÜ

FRANKREICH

Paris
Casa del Habano
Flor de Selva

Chaumont
Beranger & Vendome

Saint-Barthelemy
Le Comptoir de Cigare

GRIECHENLAND

Athen
To Magazi

Thessaloniki
World Cigars

GROSSBRITANNIEN

Berkshire
Keen (World Marketing) Ltd
Paresh Patel

Cheltenham
Classic Pipes

Edinburgh
The Cigar Box

Farnham Surrey
The Chancellor Tobacco Co.

Liverpool
Turmeus Tobacconist

London
Burlington Bertie Ltd.
Davidoff of London
D. P. International
Puro Rey Cigars Sautter of
   Mayfair

Middelsex
Broadweigh Cigars

GUAM

Hagatna
Tabaquera Gifts

Tamuning
Mac & Marti's, Inc.

GUATEMALA

Antigua
La Vitola

HONDURAS

Danli
Casa Habana

HONGKONG

Central
Aficionado Cigarros
H.C.C.L.
Infifon Hong Kong Limited
The Pacific Cigar
   Company Ltd.

INDIEN

Bombay
Soex India Pvt. Ltd.
Sopariwala Exports

Surat
Rawji Shana International

INDONESIEN

Jakarta
Havan Gallery Pt. Jasa
Sigarin
Pt. Cigarindo Puros

IRLAND

Dublin
The Decent Cigar

ISRAEL

Tel Aviv
Cigarim

ITALIEN

Calalzo di Cadore
Rivendita Sali & Tabacchi

Cattolica Rimini
Tabaccheria Cimino

Fermo
Cigars and Tobacco Italy

Mailand
Achile Savinelli

JAMAIKA

Kingston
Imperial Cigar Co.

Montego Bay
Vinar Limited Gold Plus

Negril
Cigar World

Ocho Rios
Cigar World

JAPAN

Chiba
Bluebell Japan Ltd.

Tokyo
Scandinavian Information Center, Inc.

KANADA

ALBERTA

Calgary
Cavendish & Moore's Tobacco
Emilio's Humidor

Edmonton
La Tienda/Rialta Trading Inc.
More Than Cigars LTD

Red Deer
Gord's Smoke Shop

BRITISH COLUMBIA

Abbotsford
Sheffield & Sons Tobacconists

Kelowna
CR Cigar Company

New Westminster
Pacific Tobacco & Cigars

Richmond
Nuestra Familia Cigar Co. Ltd.
Robusto

Vancouver
Alpha Tobacco
Cigar Connoisseurs
City Cigar Emporium
Gassy Jack Cigar
Goodfellas Cigar Shop
Pacific Cigar
R. J. Clarke Tobacconist
2000 Cigars

Victoria
Old Morris Tobacconist Ltd.

W. Vancouver
Canadian Cigar Company, Ltd.

Whistler
Listel Hotel

MANITOBA

Winnipeg
Thomas Hinds Tobacconist, Ltd

NOVA SCOTIA

Halifax
Jon Alan's Cigar Emporium
MacDonald Tobacco & Gift

ONTARIO

Aurora
St. Andrew Cigar Company

Bramalea
House of Horuara

Brampton
Bondele Cigar Co.

Brantford
Telly's Variety

Burlington
Fortino's Supermarkets

Cambridge
The Smoke Shop

Concord
Havana Tobacconist

Fort Erie
Peace Bridge Duty Free

Hamilton
Queenstone Havana

Kitchener
Cigar International
Walper Tobacco Shop, Ltd.
Wine Lovers

London
Empire Tobacco Company
Wiff 'N Puff

Mississauga
Havana Tobacconist
IHC Tobacconis

Niagara Falls
Havana Tobacconist

Niagara on the Lake
Chiefly Cigars

Oakville
Celebrity Tobacco & Gifts
House of Cigars
Thomas Hinds Tobacconist

Ottawa
Byward Market News

Point Edward
Sharkskin Weathergear

Toronto
Brigham Enterprises
B. Sleuth and Statesman
Café Tabac
Chubby's Smokehouse
Cigar Studio
Havana House
House of Horvath
Long Island Clothiers
The Smokin' Cigar, Inc.
Thomas Hinds Tobacconist
Tobacco Haven
XCentrix

Unionville
Cigar Bodega

Waterloo
Quick Trip Variety Ltd.

Willowdale
Havana Tobacconist

Windsor
Havana Heaven
Humidor
Ray & Kim's Super Convenience

Woodbridge
The Humidor Cigar Ltd.

QUEBEC

Huntingdon
David Cigar Corporation

Montreal
ABC Mags
Absolute Cigars
Cigare & Compagnie
Cigar Club Etcetera
G. Hiltebrandt
Vasco Cigars

St. Laurent
Aro Tobacco

KATAR

Doha
Smoker's Corner

KOLUMBIEN

Bogotá
Puro Habano

Cartagena de Indias
Cava del Purode Bolivar Ltd.

KROATIEN

Zagreb
Roberto d.o.o.

KUWAIT

Kuwait City
Jashanmal & Partners Ltd.

LETTLAND

Riga
Zigmunds

LITAUEN

Vilnius
Skonis ir Kvapas

MALAYSIA

Kuala Lumpur
Havana Club
Tag Ventures Sdn. Bhd
Kamelah Tobacco House
Trinidad Holdings Sdn. Bhd.

Kota Kinabalu
The Wine Shop

MALTA

Sliema
AAC Investment Ltd.

MEXIKO

Col. Chapultepec
La Casa Del Fumador

Col. del valle
Importaciones y exportaciones
La Casa Del Fumador

Col. Los Morales
La Casa Del Fumador

Colonia Polanco
Casa Del Tabaco, S.A. de C.V.

Colonia Roma
La Casa Del Fumador

Colonia Xoco
La Casa Del Fumador

Distrito Federal
La Hoja de Tabaco
Lieb Internacional, S.A. de C.V.

Guadalajara
El Nacional Tabaquería

Mexico City
Grupo Permi SA de CV
Tabacos Labrados, S.A. de C.V.
Vidal & Vidal Comercial
  S.A. de C.V.

Monterrey
Barcena Cigar House

Morelia
El Buen Tabaco
Vine Vueltabajo Tabquerias

Tijuana
La Villa del Tabaco
La Casa del Habano

Miguel Hidalgo
Batcena Co. S.A. de C.V.
Productos de Toscana

Veracruz
Tabacos La Victoria

NIEDERLANDE

Amsterdam
McCarthy's
P.G.C. Hajenius
The Old Man

Bussum
Wyroha B.V.

St. Maarten
Puros Elio N.V.

Sas Van Gent
House Everse

PAKISTAN

Lahore
Tobacco Masters

PARAGUAY

Asuncion
La Casa de las Pipas

PHILIPPINEN

Legaspi Village
Tabac Inc.

Makati Cty
Tabac, Inc.

Manila
Manila Cigar Co.

PORTUGAL

Cascais
Bompuro

Lissabon
Cigar World

PUERTO RICO

Caguas
Smoker's Suite

Guaynabo
International House of Cigars

Isla Verde
The Smoker's Suite, Inc.

Mayaguez
Good Times Smoke Shop

Old San Juan
The Cigar House
Club Jibarito
The Doll House

San Juan
Companía Caribeña de Cigarros
Cigar & Tobacco
  Warehouse, Inc.
EMV Int'l House of Cigars
Fine Cigars
International House of Cigars

Vieques
Chef Michael's Foodspace

Villa Fontana, Carolina
Cigar Gallery Corp.

RUSSLAND

Moskau
La Casa del Habano
The Collection of Wines

SCHWEDEN

Stockholm
Brobergs Tobakshandel
Cigarrummet

SCHWEIZ

Basel
Davidoff International

Genf
Cigarone International
Spring Cigars

SINGAPUR

International Cigar
The Oaks Cellars

SPANIEN

Badajoz
Don Gabriel Cigars

Madrid
Tabacasa

ST. CROIX

Christiansted
Baci Duty Free
Steele's Smokes & Sweets

ST. MAARTEN

Marigot
Cigar World
Roblito's

ST. THOMAS

St. Thomas
Club Cigar
Jolly Roger Tobacconist Inc.
Shell Seekers, Inc.

SÜDAFRIKA

Capetown
Wesley's Tobacconist

Johannesburg
Wesley's

Gauteng
Wesley's Eastgate

Helderberg
Good Living Enterprises

Saxonwold
Colin Wesley Tobacconist

TAIWAN

Taichung
Smoker's Int'l Trade Co., Ltd.

Taipeh
Freddie Huang
Pics Distributors

TRINIDAD & TOBAGO

Maraval
Stechers Ltd.

Port of Spain
Havana Hut Cigars Ltd.

St. Ann's Port
Havana Hut Cigars Ltd.

TÜRKEI

Istanbul
Che Tobacco

UNGARN

Budapest
Finn Trading Co., Ltd.
Future Market, KFT

UKRAINE

Odessa
Fortuna Cigar House

USA

FLORIDA

Miami
Absolute Cigar Shop
Airport Liquor Store
Bacchus Cigars
Cigar Kingdom
Cuban Crafters Cigars
CVM Cigars
Epicur Cigar Co.
General Cigar Holdings
Harriels Tobac Inc.
Havana Smokers
La Casa del Puro
Medina Cigars, Inc.
Miami Havana Inc. Cigars
Padron Cigars
The Perfect Smoke, Inc.
Rainbow Connection
Sabor Havana Cigars, Inc.
Smokehouse
Smoke Shop II
Sunset Corners Wines & Liquors
Tobacco & Wine
The Tobacco Trading Co.
Vilar Cigars

Miami Beach
The Cigar Connection
Washington Tobacco and Deco Drive Cigars
Zelick's Tobacco Corp.

KALIFORNIEN

Los Angeles
Argenti Cigars
Cigar-A-Rama
Cuban Seed Cigar Co.
Gray Ash Inc.
Diplomat
Grand Havana Room
Jack's Cigars
La Plata Cigars
Mark's Int'l Sales
Mel & Rose Liquor and Deli
The V-Cut Smoke Shop
Wally's Liquor
The Wine House

NEW YORK

New York City
Arnold's Tobacco Shop
Barclay-Rex
Cigarillos
The Cigar Inn
Club Macanudo
Davidoff of Columbus Circle
Davidoff of Geneva
De La Concha Tobacconist
Grand Havana Room
Hot Ash
JR Cigar
Mohammed Azam
Mulberry Street Cigar Co.
Nat Sherman Int'l
OK Cigars
Quisqueyana Cigars, Inc.
Rex Pipe Shop
Shisha International
Smoker's Choice
Smoke Scene
Superior Cigar Co.
Taino Cigars
The Wall Street Humidor
Yorkville Tobacco

VENEZUELA

Nueva Esparta
Capriles Hermanos & Asociados

ZYPERN

Nikosia
T.T.P.S. Enterprise

RAUCHEN IN DER ÖFFENTLICHKEIT:
Zigarrenfreundliche Orte

Kneipen, Clubs, Bars und Ressorts heißen Zigarrenraucher weltweit willkommen. Die folgende Liste ist keinesfalls vollständig, aber sie wird Ihnen genügend Orte nennen, an denen Sie Ihre Zigarre genießen können. (Nur einen kleinen Ratschlag: Bevor Sie Ihre Zigarre anzünden, fragen Sie vorher, ob das in Ordnung ist. Manchmal ändert sich die Zigarren-Politik oder das Management des Hauses.)

AUSTRALIEN

Melbourne
Le Meridien Melbourne

Sydney
Pierpontes, Hotel Inter-Continental
The Regent Sydney

BAHAMAS

Nassau
Graycliff
Nassau Beach Resort Club

BARBADOS

St. Peter
Mango's by the Sea

BELGIEN

Antwerpen
'T Fornuis

Brüssel
Bruneau
Comme Chez Soi
La Maison du Cygne
La Truffe Noire
Les 4 Saisons
Maison du Boeuf
Sea Grill
Villa Lorraine

Leuven
Rudy's Fonduehuisje

BRASILIEN

Rio de Janeiro
Le Meridien Copacabana

São Paulo
Havana Club

COSTA RICA

San Jose
Melia Cariari

DÄNEMARK

Kopenhagen
Capo
Kanalen

DEUTSCHLAND

Baden-Baden
Brenner's Park Restaurant & Oleander Bar

Bayreuth
Schloss Thiergarten Hotel & Restaurant

Düsseldorf
Im Schiffchen
Zum Landsknecht

Ebnisee
Schassbergers Spa & Resort Hotel Ebnisee

Essen
La Grappa

Frankfurt a. M.
Restaurant Français

Friedrichsruhe
Wald- und Schlosshotel
  Friedrichsruhe

Grevenbroich
Zur Traube

Hamburg
Le Canard

München
Königshof
Hilton München Park
People's Bar & Cigar Lounge

Nonnweiler-Sitzerath
Landgasthof-Metzgerei
  Paulus

Rüdesheim am Rhein
Breuer's Rüdesheimer Schloss

Speyer
Backmulde

Wiesbaden
Ente

Winterberg
Hotel Waldhaus

DOMINKANISCHE REP.

Higuey
Caribbean Village Bavaro

Puerto Plata
Caribbean Village Club on
  the Green
Caribbean Village Luperon
Paradise Beach Club &
  Casino

Punta Cana
Melia Bavaro Resort
Punta Cana Beach Resort

Rio San Juan
Caribbean Village Playa
  Grande

FINNLAND

Helsinki
Lord Hotel

FRANKREICH

Cannes
La Cote
La Palme d'Or

Collonges-au-Mont-d'Or
Paul Bocuse

Lyon
Leon de Lyon
Paul Bocuse

Nizza
Chantecler
Le Meridien Nice

Paris
Les Ambassadeurs
Amphycles
Apicius
Arpege
Le Bellecour
Bristol
Carre des Feuillants
Chez Pauline
Le Divellec
Drouant
Les Elysees
Espadon
Goumard-Prunier
Le Grand V'efour
Guy Savoy
Hemingway Bar
Hotel de Crillon
Hotel George V
Hotel Plaza Athenee
Jacques Cagna
Lasserre
Laurent
Ledoyen
Lucas - Carton
La Mare
Le Meridien Montparnasse
Le Meurice
Michael Rostang
Le Petit Colombier
Le Sormani
La Table d'Anvers
Michel Rostang
Morot - Gaudry
Port Alma
Recamier
Taillevent
Tour d'Argent
W Hotel

Reims
Les Crayeres

Saulieu
Bernard Loiseau in
  Burgundy

Strasbourg
Au Crocodile
Buerehiesel

GRIECHENLAND

Athen
Gevfis
Kona Kai

Thessaloniki
Alfredo's

GROSSBRITANNIEN

London
Annabel's
Berkley Restaurant
Bibendum
BluePrint Café
Boay Brasserie
Butlers Wharf Chop House
Cantina del Ponte
Caviar House
Corney & Barrow
Christopher's
City Circle
Corney & Barrow
The Dorchester
English Garden Restaurant
Fifth Floor Restaurant Bar Café
Finos Wine Cellar
The Four Seasons Hotel
Gattis
Greenhouse Restaurant
Green's Restaurant & Oyster Bar
Grill Room
Grosvenor House
Harry's Bar
Howard Hotel
Interlude
Lanes Restaurant
Lanesborough
Le Pont de la Tour
Mark's Club
Mezzo
Monte's
Mosimnann's
Overtons Restaurant
Pine Bar
Quaglino's
Sale e Pepe Restaurant
Savoy Grill
Scalini
Scott's Restaurant
Signor Sassi
Simpsons-in-the-Strand
Square
Trader Vic
Tramp
Whitehorse at Chilgrove
Wig & Pen Club
Wilton's Restaurant

Rutland
Hambleton Hall

Taplow
Cliveden

GUATEMALA

Guatemala City
Jake's

HONDURAS

Comayagua
Hanemann's Cajun Bar & Restaurant

San Pedro Sula
Don Udo's

HONGKONG

Central Hong Kong
Brown's Restaurant and Wine Bar

Hong Kong Island
Cigar Dominicano
Petrus
Sheraton Hong Kong

Kowloon
Mandarin Oriental Hotel
The Regent Hong Kong

Tsimshatsui
Panorama Western Fine Dining Room
Peninsula Hotel

INDONESIEN

Jakarta
Le Meridien Jakarta

IRLAND

County Carlow
Lord Bagenal Inn

ISRAEL

Tel Aviv
Coffee Bar Emporium

JAPAN

Nagoya
Shooters Sports Cafe

Osaka
Chez Wada

Tokyo
Le Meridien Pacific Tokyo

KANADA

ALBERTA

Calgary
Bow River Barley Mill
Osteria de Medici
Primo's Cantina
Tasmanian Ballroom &
 Havana's Lounge

Edmonton
Booker Martuni's

Kananaskis Village
Hotel Kananaskis

BRITISH COLUMBIA

Kimberley
Chef Bernard's Inn &
 Restaurant

Vancouver
City Cigar Co.
Deep Cove Chalet
Four Seasons Hotel
La Gavroche

Whistler
Bearfoot Bistro
Havana Lounge

NOVA SCOTIA

Halifax
Jon Alan's Steak & Chop
 House

Sydney
Joe's Warehouse & Food
 Emporium

ONTARIO

River Valley
Lake Obabika Lodge

Sudbury
Lil' Habanas

Toronto
Barberian's Steak House
 Tavern
Brass Rail Tavern
Estonian House Restaurant
Four Seasons Hotel
Opus
Prego della Piazza &
 Carlevale's
Rosewater Supper Club
Royal York

Unionville
School of Fine Dining

QUEBEC

Laval
Onyx Laval Inc.

Montreal
Beaver Club
Le Lutetia
La Mas des Oliviers
Monte Cristo Cigar Bar Lounge
The Queen Elizabeth
Quelli Dela Notte
La Queue De Cheval
 Steakhouse
Rib 'n Reef
Whisky Cafe

Quebec City
L'Inox
Le Pub St. Alexandre

**Sainte-Marguerite du Lac
 Masson**
Bistro à Champlain

SASKATCHEWAN

Regina
Danbry's

Saskatoon
Hampton's Cigar Lounge

KUBA

Havanna
Cafe Cantante
El Floridita
La Bodeguita del Medio
Melia Cohiba Hotel
Restaurante Gentiluomo

Miramar
El Tocororo
La Cecilia

Varadero
Melia Las Americas Hotel
Melia Varadero Hotel

LUXEMBURG

Luxembourg
Gourmandes
Patin d'Or

MEXIKO

Cabo San Lucas
Melia Cabo Real
La Noria
Pazzo's Cabo

Cancun
Caribbean Village Cancun
Melia Cancun

Cozumel
Diamond Resort Cozumel

Mexico City
Champs Elysees
Circulo del Surest
Fonda del Recuerdo
Fonda del Refugio
Men's Club of Mexico City

Monterrey
Mirabeau Restaurant

Nuevo Laredo
El Dorado Bar & Grill

Nuevo Vallarta
Diamond Resort Nuevo Vallarta

Playa del Carmen, Mexico
Diamond Resort Playacar
Playacar Golf & Beach Club

MONACO

Monte Carlo
La Coupole
L'Hotel de Paris
Monte Carlo Beach Plaza

NIEDERLANDE

Amsterdam
Christophe
Le Restaurant Tout Court
Vermeer

Blokzijl
Kaatje bij de Sluis

EH Voorburg
Savelberg

NORWEGEN

Oslo
Bagatelle
Bar & Cigar

ÖSTERREICH

Wien
Korso
La Scala
Steireck

PHILIPPINEN

Manila
Grand Boulevard Hotel

PORTUGAL

Lissabon
Casa da Comida
Coventual
Le Meridien Lisboa

PUERTO RICO

Cabo Rojo
Perichi's

Condado
Pikayo

San Juan
El San Juan Hotel & Casino
Johnny's Restaurant
Wyndham El San Juan

SCHWEIZ

Genf
Le Chat Botte
La Cigogne
Le Cygne
The Griffins Club
Hotel Des Bergues

Stadt Emmen, Luzern
Fasan

Winkel
Wiesental

Zürich
Bohemia
Colors
Taverna Catalana

SPANIEN

Barcelona
Botafumeiro
Ca L'Isidre
Jaume de Provenia
Le Meridien Barcelona
Neichel
Via Veneto

Madrid
Cabo Mayor
Casa d'a Troya
El Cenador del Prado
Las Cuatro Estaciones
Jockey
Luculo
La Mision
El Olivio
The Ritz
La Trainera
Viridinia
Zalacain

ST. CROIX

Christiansted
Galleon
Great House

ST. LUCIA

Castries
Charthouse

ST. MAARTEN

Philipsburg
Pelican Reef Steak & Seafood House
Shivsagar

ST. THOMAS

St. Thomas
Herve Restaurant
Randy's Bistro

TAIWAN

Taipeh
Cigar Tribune Restaurant
Fum'ee
Ruby Lugar

THAILAND

Bangkok
Bourbon Street Restaurant & Bar
The Regent Bangkok

TÜRKEI

Izmir
Collection

TURKS & CAICOS INSELN

Providenciales
Banana Boat Caribbean Grill
Mango Reef
Tiki Hut Cabana Bar & Grill

USA

FLORIDA

Miami
Cafe Royal
Doral Ocean Beach
Morton's of Chicago
Speakeasy Les Deux
Fountaines
The Toast

Miami Beach
Dominique's French Restaurant
Forge
Jimmy's at Cuba Club
Joe's Stone Crab

KALIFORNIEN

Los Angeles
Café Pinot
Campanile
Checkers
Friars Club of California
Hotel Bel-Air
Il Ristorante Rex
Lola's
L'Orangerie
Lunaria
McCormick & Schmick's
Taix

NEW YORK

New York
Bull and Bear Restaurant
Cafe Aubette
Campagna
Campbell Apartment
Carnegie Club
Circa Tabac
Club Macanudo
Florio's
Four Seasons Hotel
Frank's Restaurant
Frontiere
Gallagher's Steak House
The Ginger Man
Grand Havana Room
Granville
Hotel Plaza Athenee
Hotel Westbury
Hudson Bar & Books
Jubilee
Le Cirque
Le Marais
Le Parker Meridien

Lexington Bar and Books
Marriott Marquis
Merchants, NY
Monkey Bar
Mustang Grill
O'Neal's Grand Street
Pen & Pencil
Patria
The Plaza
The Post House
Remi
Scores
Senor Swanky's Starlight
  Lounge
Stringfellows
Tatou
Third Floor Cafe
The 21 Club
The Water Club

VENEZUELA

Isla Margarita

Diamond Dunes Hotel &
  Beach Resort
Diamond Resort Lagunamar

APROPOS ZIGARREN:
Ein Glossar für den Raucher

Jargon und Fachsprache, um bei Zigarren mitreden zu können.

AMS • **American Market Selection**. Eine Bezeichnung für die leichten und milden Deckblätter Claro Claro, Candela und Jade.

Aroma • Der Geruch einer Zigarre, wenn sie abbrennt. Das Bouquet ist der Geruch des Deckblattes und des offenen Fußes, bevor die Zigarre angezündet wurde.

Bauchbinde • Papierring, mit dem jede Zigarre versehen ist und der die Marke dekorativ kennzeichnet.

Befeuchten • Besprühen des Tabaks nach dem Trocknen. Durch das Wiederbefeuchten werden die Blätter geschmeidig, so daß man sie zu Zigarren verarbeiten kann.

Biddies • Eine kleine ostindische Zigarre.

Blend • Englisch für »Mischung« (siehe dort).

Blüte • Ein weißer oder hellgrauer Flaum auf dem Deckblatt der Zigarre, der durch die Kristallisierung von Tabakölen entsteht. Nicht zu verwechseln mit Schimmel! Die Blüte ist völlig harmlos und kann abgewischt werden. Meistens tritt sie bei Zigarren auf, die eine Weile im Humidor aufbewahrt wurden.

Booking • Verfahren, bei dem die Einlageblätter in der Puppe wie die Seiten eines Buches gefaltet werden. Dabei handelt es sich um eine minderwertige Methode, da sie eine stärkere Konzentration der Blätter an einer Seite verursacht, was zu einem ungleichmäßigen Geschmack und Abbrennen führt.

Brandende • Das Ende der Zigarre, das angezündet wird. Auch »Fuß« genannt.

Buckeye • Eine kleine Zigarrenfirma, die normalerweise im Besitz einer Familie ist.

Burros • Spanische Bezeichnung für die hohen Tabakhaufen, die zum Zweck der Fermentation aufgeschichtet werden. Der Fermentationsprozeß setzt ein, wenn die Temperatur im Innern der Haufen ansteigt.

Clear Havana • Eine nur aus Havanna-Tabak bestehende Zigarre.

Criollos • Scharfe Zigarren, die in Kuba von den Einheimischen geraucht werden.

Culebra • Zigarre, die aus drei miteinander verdrehten Zigarren besteht. Eigentlich drei miteinander verbundene Korkenzieherzigarren. Sie wurde im 19. Jahrhundert erfunden, um Diebstahl durch die Arbeiter vorzubeugen: Jedem Arbeiter wurden pro Tag drei Zigarren zugestanden und zwar nur in dieser Form, damit man sie leicht von den anderen Zigarren unterscheiden konnte.

Curly Head • Auch *fancy tail* genannt. Man bezeichnet damit ein gezwirbeltes Tabakende am Kopf einer Zigarre und findet es bei einigen Premium-Zigarren.

Deckblatt • Das Außenblatt, das um das Umblatt gewickelt wird. Das Deckblatt ist das feinste Blatt bei jeder Zigarre.

Deckblattwickler • Der Arbeiter, der die Puppe mit dem Deckblatt versieht. Es handelt sich um sehr geschickte Kunsthandwerker.

Demi-Tasse • Eine kleine Zigarre, die normalerweise 100 mm lang ist und ein 30er Ringmaß hat.

Einlage • Die Tabakmischung in der Mitte der Zigarre, umgeben von Umblatt und Deckblatt. Sie hat einen großen Anteil am Geschmack der Zigarre.

EMS • **English Market Selection.** Eine Bezeichnung für die Farbe des dunkelbraunen Deckblatts, das in Großbritannien und Amerika bevorzugt wird.

Fermentierung • Prozeß, bei dem Tabak durch selbsterzeugte Hitze Nikotin und andere Verbindungen abgibt, die Farbe verändert und einen großen Teil seines Geschmacks erhält. Auch als »Schwitzen« bezeichnet. (Siehe auch unter *burros*.)

Figurado • Zigarre mit einem untypischen Format wie beispielsweise die Pyramide oder der Torpedo.

Finished Head • (»Fertiger Kopf«). Der Kopf einer Zigarre, der durch das Deckblatt und nicht durch eine separate Kappe gebildet wird.

Flathead • Eine Zigarre, deren Kopf nicht abgerundet, sondern abgeflacht ist.

Fuß • Das Ende der Zigarre, das angezündet wird. Auch »Brandende« genannt.

Galera • Der große Fabrikraum, in dem die Zigarren gerollt werden.

Guillotine • Ein Zigarrenabschneider, der wie sein großer Namensvetter funktioniert: Das Instrument, das in der Hand gehalten wird, hat ein Loch, in das der Kopf der Zigarre gesteckt wird, und eine Klinge, die eine runde Öffnung abschneidet. Man bezeichnet dies als »Guillotine«-Schnitt.

Hand • Ein Bündel von rund 20 Tabakblättern gleicher Beschaffenheit, die an den Stielen zusammengebunden werden.

Handgemacht • Eine Zigarre, deren Einlage von Hand hergestellt wurde und ebenfalls von Hand mit Umblatt und Deckblatt versehen wurde.

Handgerollt • Eine Zigarre, bei der das Deckblatt von Hand hinzugefügt wurde, während die Einlage maschinell hergestellt wurde. Manchmal (irrtümlich) als handgemacht bezeichnet.

Homogenisierter Tabak • Ein Tabakprodukt, das als Umblatt und manchmal auch als Deckblatt bei manchen europäischen und amerikanischen Zigarren für den Massenmarkt verwendet wird. Es wird aus pulverisiertem Tabak, vermischt mit Pflanzenfasern, Zellulose und Wasser, hergestellt und zu Bögen gepreßt.

Humidor • Ein luftdichter Kasten, normalerweise aus Holz, der mit einem Befeuchtungselement versehen ist und zum Lagern von Zigarren dient.

Hygrometer • Ein Instrument, das die relative Feuchtigkeit mißt. Es kann in einem Humidor eingesetzt werden.

Kappe • Das Tabakstück, das am Kopf einer Zigarre befestigt wird. Es wird vor dem Rauchen angeschnitten.

Kopf • Das Ende der Zigarre, das angeschnitten und in den Mund gesteckt wird.

Kurze Einlage • Eine kurze Einlage besteht aus hervorragenden langblättrigen Tabaken, die man auch für Premium-Zigarren nimmt und die verkürzt werden, um sie zur Herstellung kleiner Zigarren oder in der maschinellen Produktion einsetzen zu können. Es handelt sich nicht um dasselbe wie *scrap filler* (siehe dort)!

Lange Einlage • Einlage in Markenzigarren, die so lang ist, daß sie sich über den ganzen Körper der Zigarre erstreckt.

Marble Head • Eine rundköpfige Zigarre.

Mischung • Kombination aus Tabakblättern, die für jede Zigarre gewählt wird. Die Tabake können sich aus verschiedenen Ländern, Ernten und Jahren zusammensetzen. Da die Mischung den Charakter einer Zigarre bestimmt, versucht man, die Mischung über Jahre hinweg beständig zu halten.

Nackt • Dieser Begriff beschreibt eine Zigarre, die nicht mit Zellophan versehen ist oder in einer Hülse steckt.

Pfropfen • Ein Hindernis in der Zigarre, das durch zu festes Rollen entsteht, so daß der Zug erschwert wird.

Premium-Zigarre • Eine erstklassige Zigarre, die von Hand aus 100 Prozent Tabak hergestellt wurde und eine langblättrige Einlage hat.

Puppe • Bezeichnung für die Einlage mit Umblatt (bevor das Deckblatt hinzugefügt wird). Auch »Wickel« genannt.

Puppenmacher • Der Mitarbeiter einer Zigarrenfabrik, der die Einlage mit einem Umblatt versieht, so daß die Puppe entsteht.

Puro • Das spanische Wort für »rein« bezeichnet eine Zigarre, deren Einlage, Umblatt und Deckblatt aus Tabaken bestehen, die in ein- und demselben Land angepflanzt wurden.

Reifen • Der Zeitraum, in der fertiggestellte Zigarren in Lagerräumen, die als »Reiferäume« bezeichnet werden und mit Zedernholz ausgekleidet sind, bei kontrollierter Feuchtigkeit ruhen. Die Ruhezeit ermöglicht den Aromen in den Tabaken der Zigarre, sich miteinander zu vermischen oder zu »vermählen«.

Ringmaß • Ein Maß für den Durchmesser einer Zigarre, das in Vierundsechzigstel Zoll unterteilt wird. Das Ringmaß 64 würde also bedeuten, daß die Zigarre einen Durchmesser von einem Zoll hätte. Ein Ringmaß von 32 wäre ein halber Zoll, ein Ringmaß von 48 ein dreiviertel Zoll. (Siehe auch Seite 192.)

Scrap Filler • Tabakabfälle, die als Einlage für Billig-Zigarren verwendet werden.

Shade Leaf • Tabakblatt, das zum Schutz vor der Sonne unter einer Abdeckung aus Mull oder Maschenware heranwächst. Bekanntestes *shade leaf* ist der Connecticut Shade, der gerne für das Deckblatt verwendet wird.

Smoker Night • Im weitesten Sinn ein Treffen zum Zwecke des Zigarrenrauchens. Es kann sich um ein festliches Dinner mit Weinen und Zigarren für jeden Gang handeln oder um eine inoffizielle Zusammenkunft gleichgesinnter Zigarrenliebhaber.

Stogie oder Stogy • Amerikanische umgangssprachliche Bezeichnung für eine oft preiswerte Zigarre. 1827 erfunden, wurde sie von den Menschen geraucht, die in Nordamerika nach Westen zogen. Man sagt, daß sie der Speiche eines Conestoga-Wagenrades ähnlich sei. Zuerst bezeichnete man diese Zigarre als Conestoga, was schließlich zu *stogy* verkürzt wurde.

Sun Grown • Der Tabak wächst unter der vollen Sonneneinstrahlung heran – im Gegensatz zu den *shade leafs* (siehe oben).

Torcedor • Der kubanische Begriff für einen meisterhaften Deckblattwickler.

Trockene Zigarren • Diese kleinen Zigarren, die von den Amerikanern als »trockene« oder als Zigarren »holländischen Typs« bezeichnet werden, müssen nicht feucht gehalten werden. Sie werden in den Niederlanden und in der Schweiz aus kurzen Einlagetabaken hergestellt, die normalerweise aus Sumatra und Indonesien stammen, aber auch aus Kuba.

Umblatt • Das Tabakblatt, das um die Einlage gewickelt wird und das Innere der Zigarre zusammenhält. Das Umblatt wird anschließend vom Deckblatt umgeben.

Vermählung • Man spricht von der »Vermählung« verschiedener Tabake, wenn die Öle und Aromen in einer Zigarre einander durchdringen und eine Geschmacksmischung kreieren. Der Reiferaum einer Zigarrenfabrik wird auch als »Vermählungszimmer« bezeichnet.

Amerikanische und europäische Ringmaße

26	**30**	**32**
10,3 mm	11,9 mm	12,7 mm
33	**34**	**35**
13,1 mm	13,5 mm	13,9 mm
36	**37**	**38**
14,3 mm	14,7 mm	15,1 mm
39	**40**	**41**
15,5 mm	15,9 mm	16,3 mm
42	**43**	**44**
16,7 mm	17,1 mm	17,5 mm
45	**46**	**47**
17,9 mm	18,3 mm	18,7 mm
48	**49**	**50**
19,1 mm	19,5 mm	19,9 mm